KB249644
짧은 이야기
예쁜 동시로 배우는
어린이 중국어
리딩북
2
김명섭, 김은정, 이현숙,
예리칭(叶丽清), 왕지에(王洁) 공저
J PLUS
Language Publishing Co.

'마중물이고 노둣돌이 되기를 바라는 선생님들의 마음을 담은 책'

사람들은 중국어를 21세기 언어라고 합니다. 이제 중국어는 영어만큼이나 중요해져서 우리가 꼭 배워야 할 언어가 되었습니다. 최근에는 한·중 협력관계가 그 어느 때보다도 긍정적으로 발전하면서 한중 2020비전을 선포하여 차세대의 주인공인 여러분들에게 거는 기대가 크고 그만큼 기회가 많다고 여겨집니다. 따라서 세계 경제의 중심으로 거듭나고 있는 중국 대륙을 향한 열정과 비전을 품기 위해서는 중국어는 반드시 알아야 할 언어가 되었습니다.

이 책은 중국어 읽기 교재입니다. 동시, 창작 동화, 전래 동화, 우리 주변의 생활 모습을 소재로 한 다양한 읽을거리들로 꾸며졌습니다. 언어를 익히는 데는 읽기가 무엇보다 중요하므로 내용을 여러 번 반복해서 읽다 보면 자연스럽게 문장을 익히게 됩니다. 특히, 본문 내용은 운율감을 살린 시형식으로 표현하여 문학의 아름다움까지 함께 느끼며 자연스럽게 중국어에 빠질 수 있도록 구성했습니다.

선생님들은 중국 현지생활에서 느낀 점을 바탕으로 국내외에 있는 학생들에게 세계의 중심으로 함께 발전할 중국과의 소통을 위해 조그마한 도움을 주고자 틈틈이 책을 썼습니다. 모쪼록 선생님들의 열정과 여러분을 향한 사랑이 담긴 이 책이 부디 여러분의 꿈을 퍼 올리는 한 바가지의 마중물이고 나아가 여러분의 꿈에 날개를 달아주는 노둣돌이 되기를 소망합니다.

그리고 이 책의 발간을 위해 창의적인 생각을 보태 책이 더 빛이 나게 도와준 김다솜, 김다은, 이상권, 최소선 학생에게 고마움을 전합니다.

끝으로 중국어 책으로 학생들에게 꿈을 심어주기 위해 노력하는 제이플러스 이기선 실장님, 편집부 여러분께도 깊은 감사를 드립니다.

한국인 저자 일동

'为你们的汉语学习增添乐趣'

学习语言需要阅读，更需要朗读，而诗歌是最适合朗读的。美国现代诗人佛洛斯特曾经说过："读起来很愉快，读过了以后又觉得自己聪明了许多的，就是诗。"为了用汉语向韩国青少年朋友们展现诗歌的魅力，我重新翻开了小时候的笔记本，为大家寻找有趣的素材，潜心创作、修改、再创作。可以说，现在呈现给大家的大部分是我的心血之作。希望这本书能成为大家常读、常朗诵的朋友，也希望它为你们的汉语学习增添乐趣。当然本人水平有限，如果书中有不足之处，欢迎你跟我反映，谢谢！

我的电子邮箱是：ylqhelen@gmail.com，预祝大家汉语学习顺利！

叶丽清

'여러분의 즐거운 중국어 학습을 위해서'

언어를 배우는 데는 독해가 필요하고, 더 중요한 것은 낭독이며, 시는 낭독하기에 가장 적합합니다. 미국의 현대시인 Robert Lee Frost는 "읽으면 즐겁고 읽은 후에 또 자신이 많이 똑똑해졌다고 생각되는 것은 바로 시다." 라고 말했습니다. 중국어로 한국의 청소년들에게 시의 매력을 발견하게 하기 위하여, 저는 어렸을 때의 공책을 펼쳐서 여러분이 좋아할 만한 소재를 찾고 온 힘을 다하여 글을 쓰고 수정하고 다시 창작하였습니다. 지금 여러분에게 보여 드리는 것의 대부분이 제가 심혈을 기울인 작품이라고 말할 수 있습니다. 이 책이 여러분이 늘 읽고 낭독하는 친구가 되기를 바라며, 여러분의 중국어 학습에 있어서 재미를 더해줄 수 있기를 바랍니다. 당연히 본인의 능력에 한계가 있을 수 있으며, 만약 책에서 부족한 부분이 있다면 여러분이 저에게 알려주길 바랍니다. 저의 이메일 주소는 ylqhelen@gmail.com이며, 여러분의 중국어 학습이 순조롭게 이루어지길 바랍니다.

예리칭

> **이 책은
> 중국의 한국학교 및 국제학교에서 중국어를 가르친 현직 선생님들의
> 오랜 현장 강의 경험과 생각이 담겨 있는 책입니다.**

 리딩북에는 중국어에 대한 지속적인 관심을 갖고 공부하기를 기대하는 부모님과 선생님의 바람을 담았습니다.

- 짧은 글로 구성되어 있어 중국어에 대한 친밀도를 높이고, 리듬감이 있어 학습에 대한 흥미를 높일 수 있습니다.
- 짧은 대화체에서 벗어나 한 단계 더 나아간 문장 학습으로 심화시킬 수 있습니다.

 탄탄한 구성으로 재미있게 중국어의 매력에 빠질 수 있게 만들었습니다.

생각해 보세요
책을 읽기 전에 본문의 주제와 관련하여 생각의 길을 열어 주어 흥미를 불러일으키고 학습의 동기 부여를 하고자 합니다.

본문
일상생활이나 주변환경, 가족애, 동물, 상상과 모험의 세계 등 학생들의 흥미와 관심을 끄는 소재로 다양하게 구성했습니다.

CD
상해 현지 녹음. 본문과 단어, 이렇게 말해보아요 등이 충실히 수록되어 있습니다.

잘 이해했나요?
전체적인 흐름을 파악하고 있는지를 확인하는 부분으로 주제에 자연스럽게 접근합니다.

좀 더 알아볼까요
새로 나온 단어를 제대로 익혔는지 다시 한 번 확인하여 자기 것으로 만듭니다.

이것만은 알아두세요
본문과 관련되거나 혹은 기초 중국어 단계에서 꼭 알아야 하는 문법적인 부분을 다루었습니다.

이렇게 말해보아요
본문 내용과 관련하여 확장된 단어를 소개하고 보충 단어를 활용한 문장으로 단어의 단순한 습득에서 벗어나 이를 활용할 수 있는 능력을 길러줍니다.

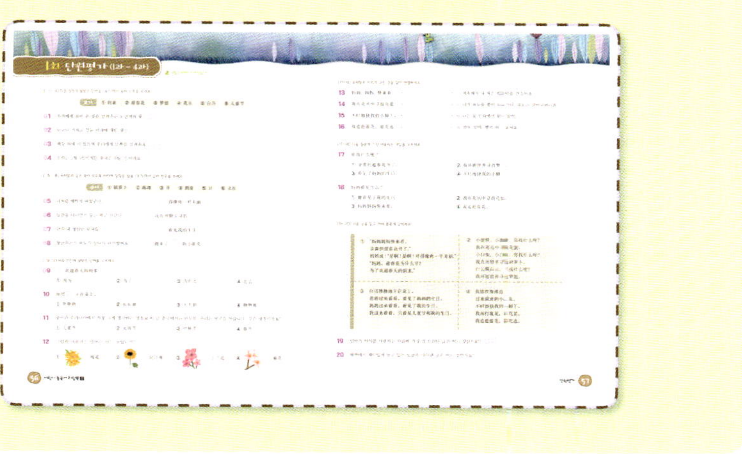

 워크북은 병음, 단어, 문장 및 주요 표현을 두루 학습할 수 있는 다양한 형태의 문제로 구성하였습니다.

- 자세한 해설과 유익한 정보는 학생들의 이해력을 높여 줍니다.
- 그림과 문장을 통해 책의 내용을 복습하고 응용함으로 재미있게 익힐 수 있습니다.
- 학부모와 교사는 시험 문제를 통해 학습 목표 도달도를 객관적으로 판단할 수 있습니다.

 1 迎春花开了

"妈妈，妈妈，快来看，
金黄的迎春花开了。"
妈妈说："是啊！是啊！开得像你一样美丽。"
"妈妈，迎春花为什么开？"
"为了欢迎春天的到来。"

Yíngchūnhuā kāi le

01

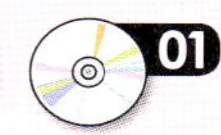

"Māma, māma, kuài lái kàn,
jīnhuáng de yíngchūnhuā kāi le."
Māma shuō : "Shì a! Shì a! Kāi de xiàng nǐ yíyàng měilì."
"Māma, yíngchūnhuā wèishénme kāi?"
"Wèile huānyíng chūntiān de dàolái."

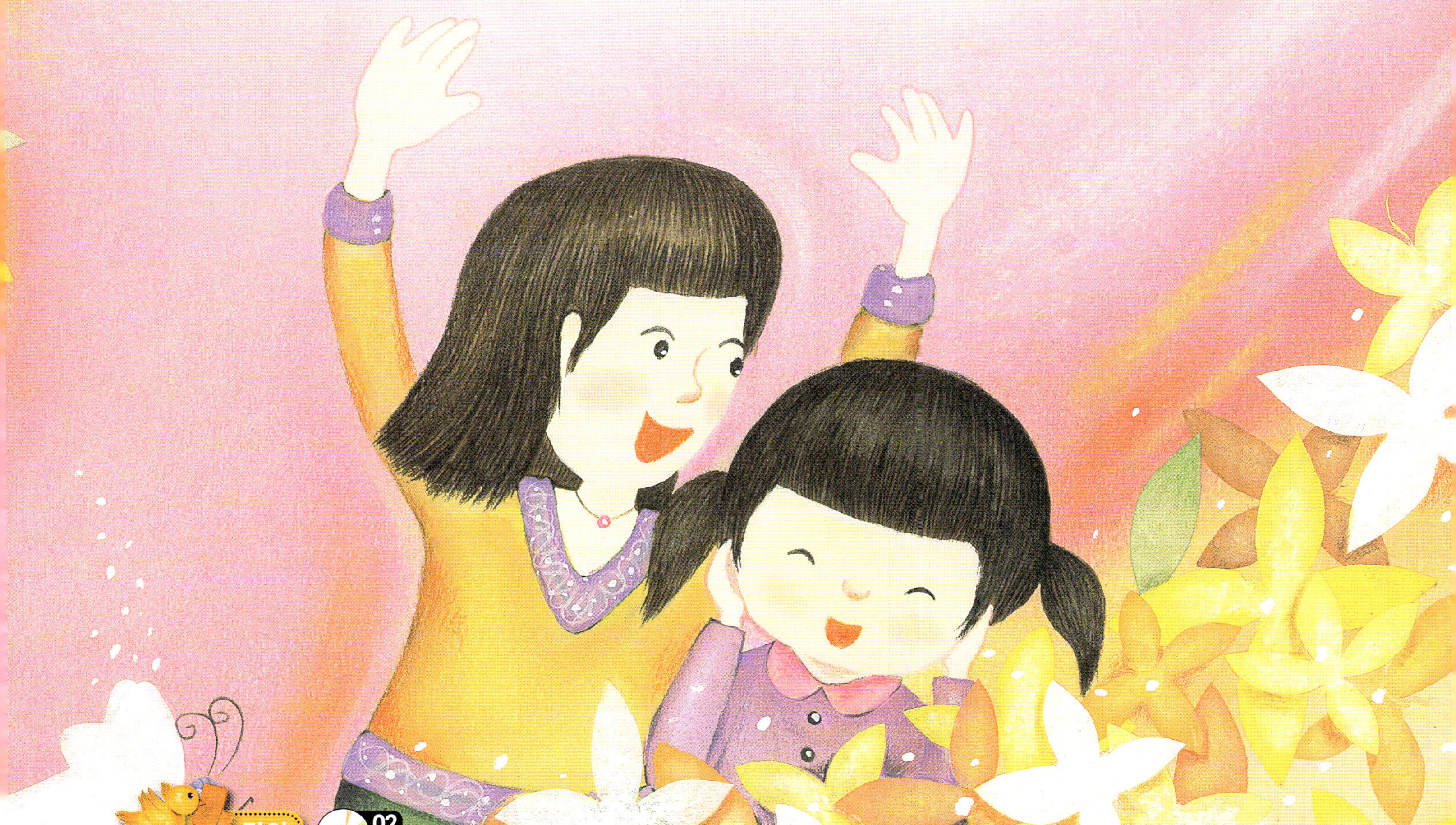

단어 02

迎春花	yíngchūnhuā	개나리	为了	wèile	~을 위해서
开	kāi	(꽃이) 피다	欢迎	huānyíng	환영하다
像~一样	xiàng ~ yíyàng	~처럼	到来	dàolái	(어떤 시기나 기회가) 오다

잘 이해했나요?

1 이 글에서 봄소식을 전해준 것은 무엇인가요?

① 迎春花　　　② 玫瑰　　　③ 妈妈　　　④ 宝贝

tip 玫瑰 méigui 장미

2 다음 중 개나리의 색깔은 어느 것일까요?

① 绿色　　　② 粉红色　　　③ 金黄色　　　④ 紫色

tip 紫色 zǐsè 보라색

3 '为了欢迎春天的到来。'에서 말하는 봄꽃은 무엇인가요?

① 코스모스　　　② 개나리　　　③ 진달래　　　④ 해바라기　　　⑤ 벗꽃

이것만은 알아두세요

● 为了와 为

'为了'는 목적을 나타내는 말로 '~을 위하여'라는 뜻이에요.

为了学习汉语，我来到上海。
Wèile xuéxí Hànyǔ, wǒ láidào Shànghǎi.

'为'는 '~때문에'라는 뜻으로 원인을 나타내거나, '为了'와 같은 뜻으로 목적을 나타내기도 해요.

老师总是为我们担心。(원인)
Lǎoshī zǒngshì wèi wǒmen dānxīn.

丁丁为我们做生日贺卡。(목적)
Dīngding wèi wǒmen zuò shēngrihèkǎ.

1 '花开了'에서 '开'와 같은 뜻으로 쓰인 것을 찾아보세요.

① 开灯　　　② 开门　　　③ 盛开　　　④ 开车

> **tip** 盛开 shèngkāi (꽃이) 활짝 피다

2 A, B에 알맞은 한자를 골라 넣어 표현을 완성해 보세요.

白　飞　快　开

눈처럼 희다　→　像雪一样 ☐ 　　　　새처럼 날다　→　像鸟一样 ☐
　　　　　　　　　　　A　　　　　　　　　　　　　　　　　　B

 03

1 계절에 따라 피는 예쁜 꽃들은 무엇이 있는지 알아볼까요?

杜鹃花 dùjuānhuā 진달래
樱花 yīnghuā 벚꽃
玉兰花 yùlánhuā 목련

玫瑰 méigui 장미
向日葵 xiàngrìkuí 해바라기
牵牛花 qiānniúhuā 나팔꽃

菊花 júhuā 국화꽃
波斯菊 bōsījú 코스모스

山茶花 shāncháhuā 동백꽃
梅花 méihuā 매화
水仙 shuǐxiān 수선화

2 어떤 꽃을 좋아하는지 이야기 해보아요.

A: 什么花春天开? 봄에는 어떤 꽃들이 피지?
　　Shénme huā chūntiān kāi?

B: 杜鹃花、樱花和玉兰花春天开。 진달래랑 벚꽃 그리고 목련이 봄에 피어.
　　Dùjuānhuā, yīnghuā hé yùlánhuā chūntiān kāi.

A: 你最喜欢什么花? (그 중에서) 네가 가장 좋아하는 꽃은 무엇이니?
　　Nǐ zuì xǐhuan shénme huā?

B: 我最喜欢樱花。 나는 벚꽃을 제일 좋아해.
　　Wǒ zuì xǐhuan yīnghuā.

2 你找什么？

小蜜蜂，小蜜蜂，你找什么呀？

我在花丛中寻找花蜜。

小白兔，小白兔，你找什么呀？

我在田野里寻找胡萝卜。

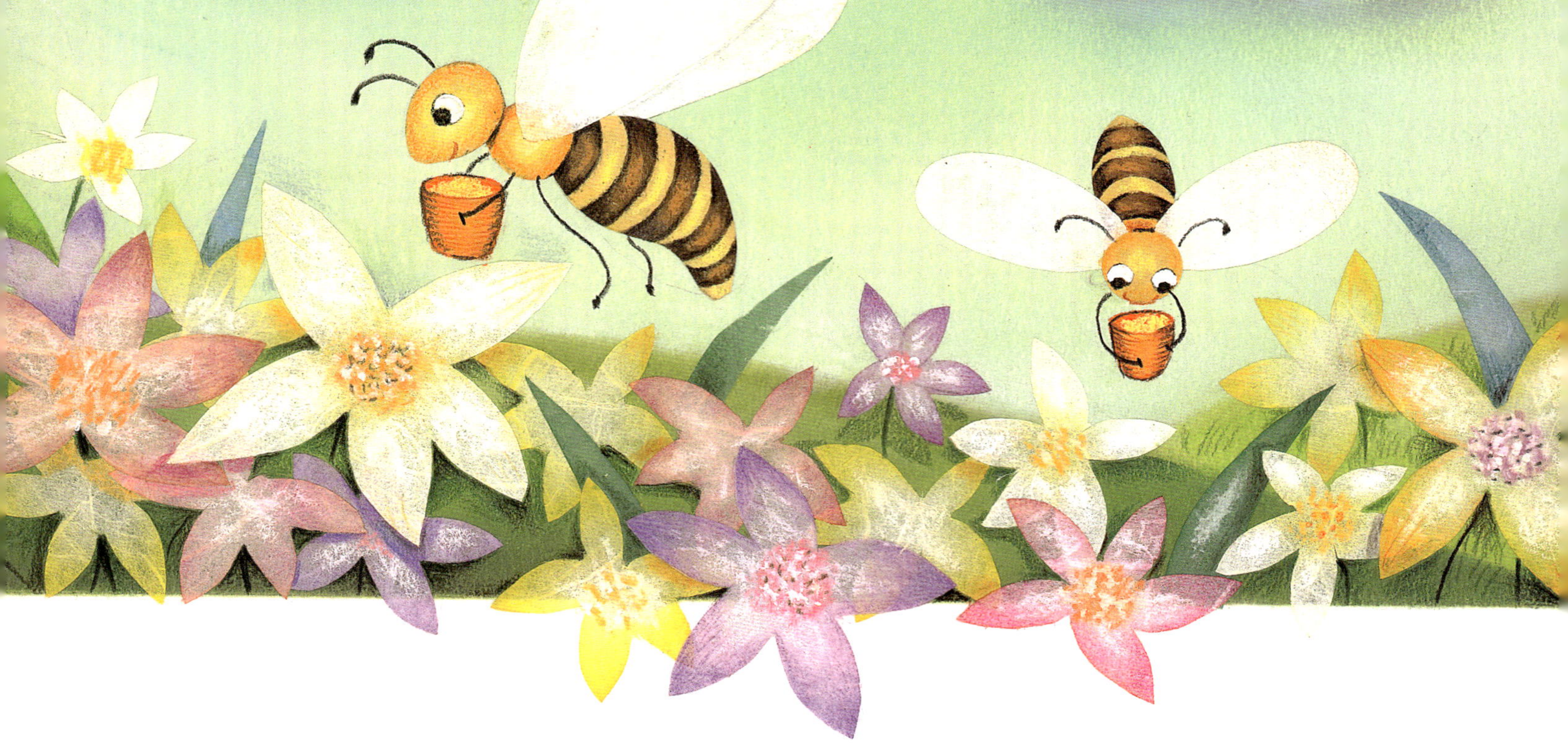

白云啊，白云，你找什么呢？

我环游世界寻找梦想。

Nǐ zhǎo shénme? 04

Xiǎomìfēng, xiǎomìfēng, nǐ zhǎo shénme ya?
Wǒ zài huācóng zhōng xúnzhǎo huāmì.

Xiǎobáitù, xiǎobáitù, nǐ zhǎo shénme ya?
Wǒ zài tiányě li xúnzhǎo húluóbo.

Báiyún a, báiyún, nǐ zhǎo shénme ne?
Wǒ huányóu shìjiè xúnzhǎo mèngxiǎng.

단어 05

▶ 小蜜蜂	xiǎomìfēng	꿀벌
▶ 花丛	huācóng	꽃밭
▶ 寻找	xúnzhǎo	찾다
▶ 花蜜	huāmì	꿀
▶ 田野	tiányě	들판
▶ 胡萝卜	húluóbo	당근
▶ 环游	huányóu	두루 돌아다니다
▶ 梦想	mèngxiǎng	꿈

1 이 글의 주인공들이 찾고 있는 것끼리 선으로 연결해보세요.

2 "我环游世界寻找梦想."이라고 말을 한 '我'는 누구인지 동그라미 하세요.

● 위치를 나타내는 말 方位词 ^{방위사}

'上, 下, 前, 后, 里, 外, 中, 旁, 左, 右, 东, 南, 西, 北' 등은 방향을 나타내는 말이에요.
이러한 말이 명사 뒤에 쓰이면 장소를 나타내는 말이 돼요.

명사＋방위사

1 빈칸에 공통으로 들어갈 수 있는 단어는 무엇일까요?

| 梦想 | 工作 | 宝藏 | 智慧 |

① 听见　　② 寻找　　③ 上　　④ 为了

tip　宝藏 bǎozàng 보물　智慧 zhìhuì 지혜

2 바른 문장이 되도록 알맞은 한자에 동그라미 하세요.

秋天的(田野 / 江 / 小河 / 花丛)是金黄色的。

이렇게 말해보아요　06

1 내가 이루고 싶은 꿈에는 어떤 것들이 있을까요?

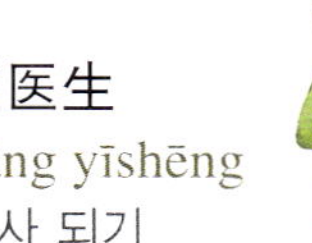

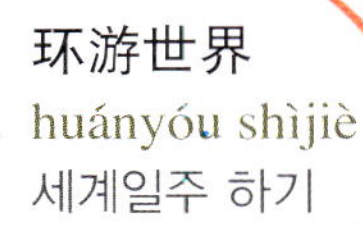

2 내가 이루고 싶은 꿈을 한 가지 생각하고 대화를 나누어 보세요.

A: 你的梦想是什么？ 네 꿈은 뭐니?
Nǐ de mèngxiǎng shì shénme?

B: 我希望当医生。 난 의사가 되고 싶어.
Wǒ xīwàng dāng yīshēng.

A: 我希望你的梦想成真。 꿈이 꼭 이뤄지길 바래.
Wǒ xīwàng nǐ de mèngxiǎng chéngzhēn.

B: 谢谢你。 고마워.
Xièxie nǐ.

③ 台历

台历静静地立在桌上。

爸爸过来看看，

看见了妈妈的生日。

妈妈过来看看，

看见了我的生日。

我过来看看，

只看见儿童节和我的生日。

Táilì jìngjìng de lìzài zhuō shang.
Bàba guòlái kànkan,
kànjiànle māma de shēngrì.
Māma guòlái kànkan,
kànjiànle wǒ de shēngrì.
Wǒ guòlái kànkan,
zhǐ kànjiàn Értóngjié hé wǒ de shēngrì.

단어 08

▶ 台历	táilì	탁상용 달력	▶ 看见	kànjiàn	보이다
▶ 静静地	jìngjìng de	묵묵히	▶ 只	zhǐ	오직
▶ 立在	lìzài	~에 서 있다	▶ 儿童节	Értóngjié	어린이날 (중국은 6월 1일)

1 이 글은 무엇을 소개하는 글일까요?

① 生日卡　　　　② 台历　　　　③ 时间表　　　　④ 手表

2 가족들이 유심히 보는 날은 무슨 날인지 알맞게 선으로 연결해보세요.

 爸爸 •

• 儿童节 

 妈妈 •

• 妈妈的生日 

 我 •

• 我的生日 

● 地 의 쓰임

'형용사+地'는 동사를 꾸며주는 말로 동작을 더 자세하게 묘사해줍니다.

冬冬高兴地对妈妈说,

"明天是儿童节, 爸爸要带我去动物园。"

Dōngdong gāoxìng de shuō,

"Míngtiān shì Értóngjié, bàba yào dài wǒ qù dòngwùyuán."

동동은 기쁘게 엄마에게 "내일은 어린이날이라 아빠가 동물원에 데려가 주신대요." 라고 말했어요.

一接到电话, 当当就急忙地出去了。

Yì jiēdào diànhuà, Dāngdang jiù jímáng de chūqù le.

전화를 받고서 당당은 황급히 나갔어요.

1 过来와 뜻이 반대되는 말은 무엇일까요?

① 下去　　　② 上去　　　③ 来往　　　④ 过去

2 다음과 관계 있는 중국의 명절은 무엇일까요?

> 보기　压岁钱, 过年, 放鞭炮

① 元旦　　　② 春节　　　③ 中秋节　　　④ 圣诞节

> tip　压岁钱 yāsuìqián 세뱃돈　过年 guònián 설을 지내다　放鞭炮 fàng biānpào 폭죽을 터트리다

09

1 중국의 명절과 대표적인 기념일에 대해 알아볼까요?

2 중국의 명절과 기념일에 하는 일에 대해 말해보아요.

1 A: 中秋节我们吃松饼，你们中国人吃什么？

> 추석에 우리는 송편을 먹는데 중국 사람들은 무엇을 먹니?
>
> Zhōngqiūjié wǒmen chī sōngbǐng, nǐmen Zhōngguórén chī shénme?

　B: 我们中国人吃月饼。

> 우리 중국 사람들은 월병을 먹어.
>
> Wǒmen Zhōngguórén chī yuèbing.

> tip　松饼 sōngbǐng 송편
> 月饼 yuèbing 중국의 추석날에 먹는 달 모양의 빵

2 元宵节，看灯笼，吃汤圆。원소절에는 등을 구경하고 새알을 먹어.

　Yuánxiāojié, kàn dēnglóng, chī tāngyuán.

4 浪花

생각해 보세요

넓게 펼쳐진 모래밭, 철썩철썩 파도 소리, 시원한 바람, 멀리서 손짓하며 다가오는 파도, 수많은 파라솔. 여름 해수욕장, 생각만 해도 즐겁지 않나요? 물놀이하다 지치면 모래성 쌓기도 하고 시원한 수박으로 갈증을 달래기도 하지요. 해수욕장에서 즐거웠던 경험을 떠올리며 이 글을 읽어 보세요.

我站在海滩边，
跑来了调皮的小浪花，
不时地挠我的小脚丫。
我拍打浪花，浪花笑。
我追赶浪花，浪花逃。

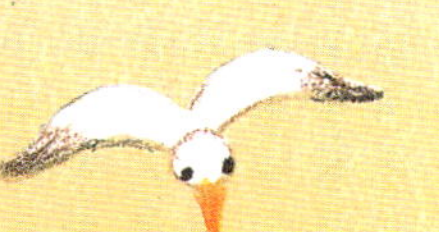

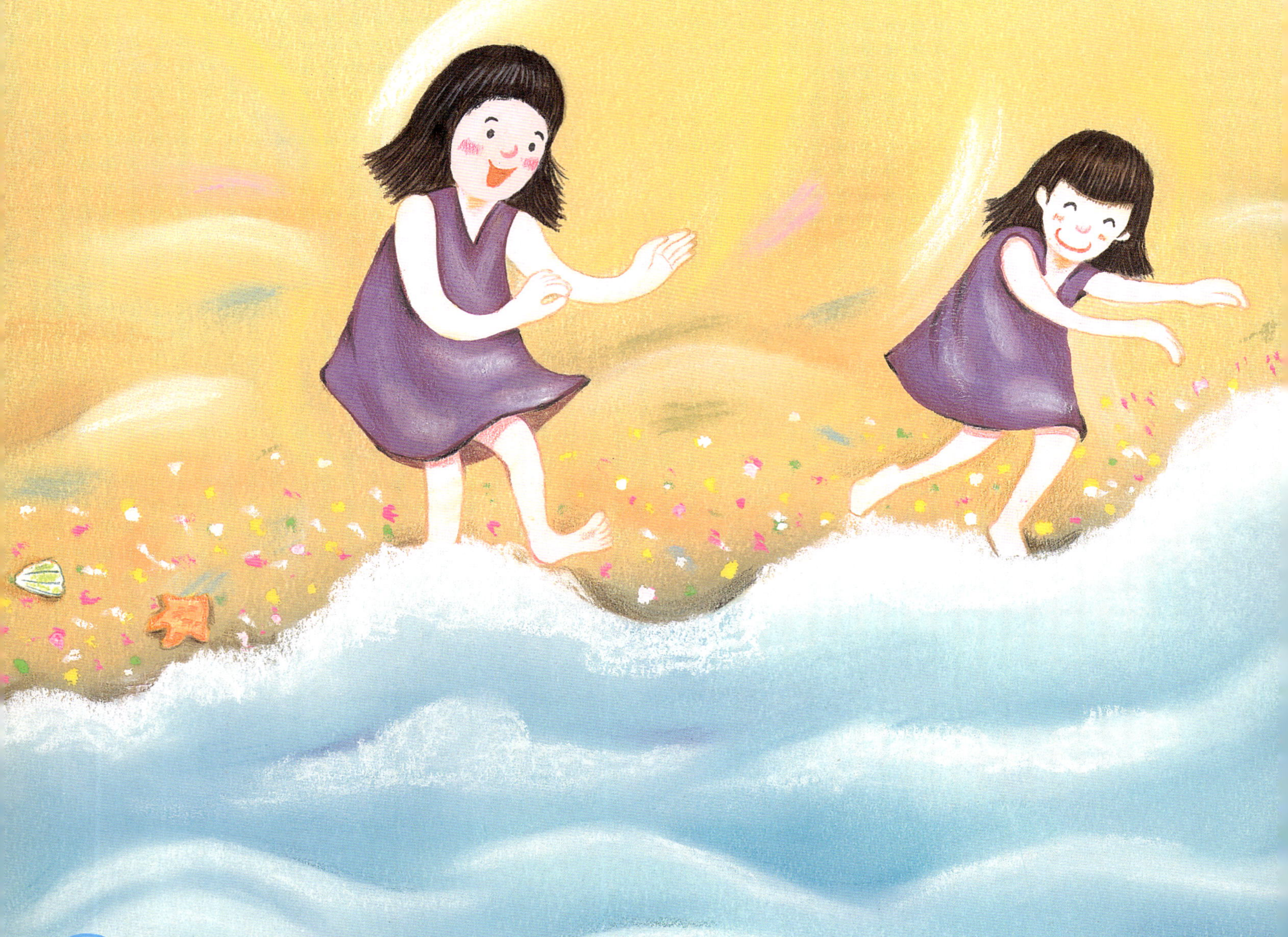

Lànghuā 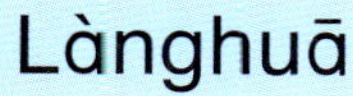 

Wǒ zhànzài hǎitān biān,
pǎoláile tiáopí de xiǎolànghuā,
bùshí de náo wǒ de xiǎojiǎoyā.
Wǒ pāida lànghuā, lànghuā xiào.
Wǒ zhuīgǎn lànghuā, lànghuā táo.

浪花	lànghuā	파도
站	zhàn	서다
海滩	hǎitān	해변의 모래사장
调皮	tiáopí	장난스럽다
不时地	bùshí de	계속해서
挠	náo	간질이다
小脚丫	xiǎojiǎoyā	조그마한 발
拍打	pāida	(가볍게) 두드리다
追赶	zhuīgǎn	쫓다
逃	táo	달아나다

1 이 글의 글감은 무엇입니까?

① 玩沙　　　② 浪花　　　③ 小脚丫　　　④ 海滩边

2 지금 놀고 있는 곳은 어디입니까?

① 公园　　　② 湖边　　　③ 河边　　　④ 海滩边

3 이 글의 주제로 가장 알맞은 것은 어느 것인가요?

① 파도에 대한 서운함　　　② 다양한 바닷가 놀이

③ 바닷가에서의 바쁜 하루　　　④ 장난꾸러기 파도와의 즐거운 한때

● 방향을 나타내주는 来와 去 ^{방향보어}

来와 去는 동사 뒤에서 방향을 보충해주는 말로서 동작이 말하는 사람에게 가까워지면 '동사+来', 말하는 사람에게서 멀어지면 '동사+去'라고 표현해요.

동사+来 (말하는 사람이 안에 있을 때)

外边冷，快进来吧。
Wàibian lěng, kuài jìnlái ba.
밖이 추우니 빨리 들어오렴.

동사+去 (말하는 사람이 밖에 있을 때)

外边冷，快进去吧。
Wàibian lěng, kuài jìn qù ba.
밖이 추우니 빨리 들어가자.

좀 더 알아볼까요

1 다음 단어의 뜻에 동그라미 하세요.

| 挠 | 웃다 | 간질이다 | 울다 | 외롭다 |

| 调皮 | 장난스럽다 | 힘들게 한다 | 괴롭히다 | 자랑하다 |

2 '자주, 계속해서'의 뜻으로 빈칸에 어울리는 단어를 본문에서 찾아 쓰세요.

我 ＿＿＿＿ 给朋友写信。 나는 자주 친구에게 편지를 써요.

이렇게 말해보아요  12

1 우리 친구들의 별명을 알아 볼까요?

2 부모님이나 가족이 나를 부르는 별명을 생각해보고 대화해보세요.

A: 你的妈妈(爸爸)叫你什么? 너희 엄마(아빠)는 너를 어떻게 부르셔?
Nǐ de māma(bàba) jiào nǐ shénme?

B: 有时候，我的妈妈(爸爸)叫我瞌睡虫。 가끔 엄마(아빠)는 나를 잠꾸러기라고 부르셔.
Yǒu shíhou, wǒ de māma(bàba) jiào wǒ kēshuìchóng.

A: 那时候，你的感觉怎么样? 그때 네 기분은 어때?
Nà shíhou, nǐ de gǎnjué zěnmeyàng?

B: 好! / 不好! / 还可以。 좋아! / 싫어! / 그저 그래.
Hǎo! / Bù hǎo! / Hái kěyǐ.

5 小小的一颗种子

小小的一颗种子

一天一天地长大。

有一天它发芽了，

又一天它长叶了，

又一天它开花了。

我的心里也乐开了花。

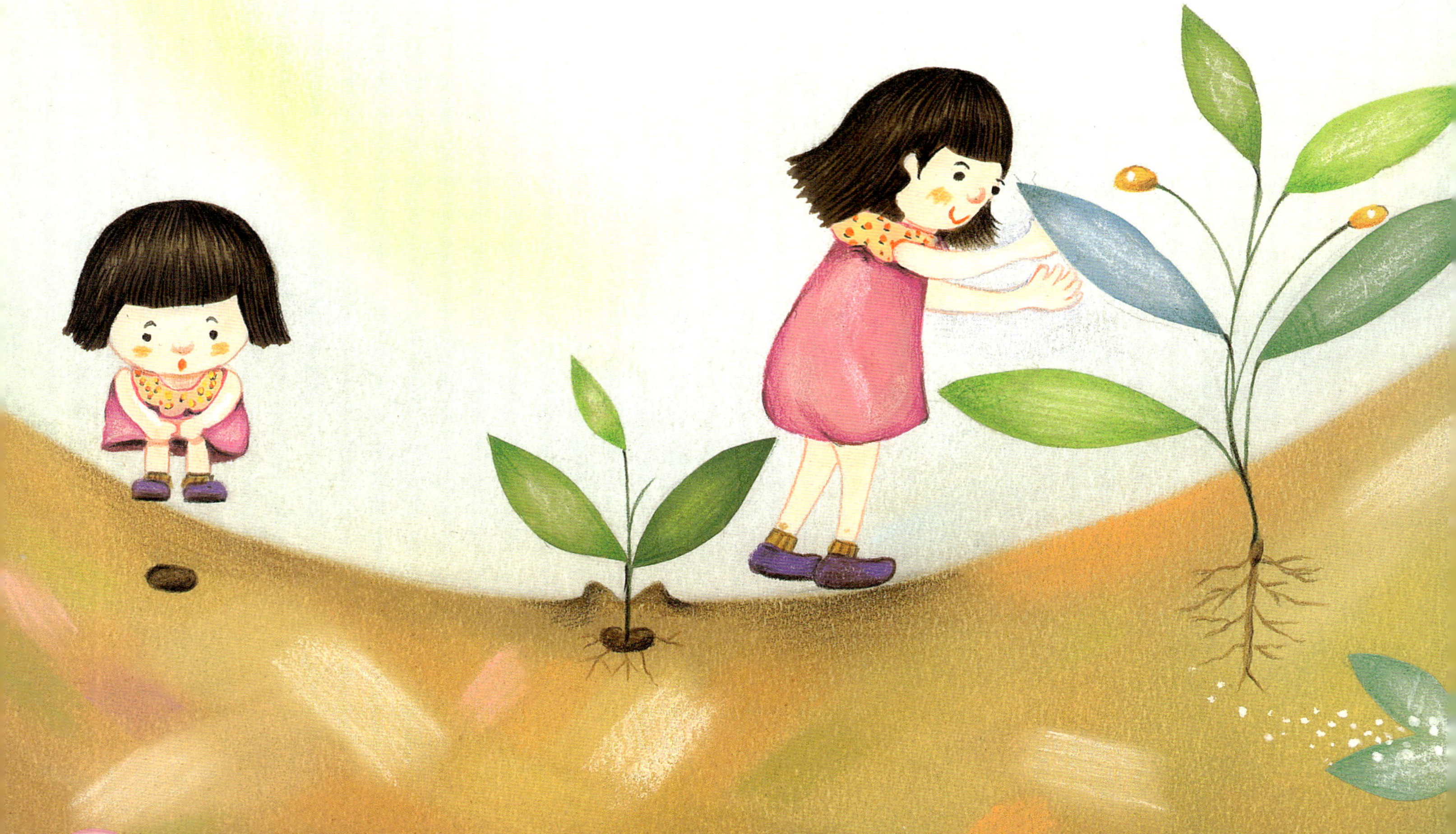

Xiǎoxiǎo de yì kē zhǒngzi

13

Xiǎoxiǎo de yì kē zhǒngzi
yìtiān yìtiān de zhǎngdà.
Yǒu yì tiān tā fāyá le,
yòu yì tiān tā zhǎngyè le,
yòu yì tiān tā kāihuā le.
Wǒ de xīnli yě lèkāile huā.

단어   14

▶ 颗	kē	알
▶ 种子	zhǒngzi	씨
▶ 发芽	fāyá	싹이 트다
▶ 长叶	zhǎngyè	잎아 나다
▶ 心里	xīnli	마음 속

1 씨앗이 자라는 과정에 맞게 번호를 쓰세요.

☐ → ☐ → ☐ → ☐

2 '我的心里也乐开了花'에서 알 수 있는 나의 마음은 어떤가요?

① 슬프다　　　　② 서운하다　　　　③ 기쁘다　　　　④ 바쁘다

3 식물이 자라는데 필요하지 <u>않는</u> 것에 동그라미 하세요.

空气　　土地　　阳光　　养分　　石头　　水

● 방향을 나타내주는 来와 去의 목적어에 따른 위치 변화

방향보어 来와 去는 목적어의 특징에 따라 위치가 달라져요.

❶ 장소가 올 때 : 来와 去의 목적어가 장소일 때는 来와 去가 장소 뒤에 옵니다.

> 동사 + 장소 + 来/去 (+了)

他回去韩国了。（×）
Tā huíqù Hánguó le.
他回韩国去了。（○）
Tā huí Hánguó qù le.
그는 한국으로 돌아갔어요.

❷ 사물이 올 때 : 목적어가 사물일 때 来와 去는 사물의 앞이나 뒤에 모두 올 수 있어요.

> 동사 + 来/去 + 사물
> 동사 + 사물 + 来/去

丁丁买回来很多漫画书。（○）
Dīngding mǎi huílái hěn duō mànhuàshū.
丁丁买回很多漫画书来。（○）
Dīngding mǎihuí hěn duō mànhuàshū lái.
딩딩은 만화책을 많이 사서 돌아왔어요.

1 한자와 뜻이 맞도록 서로 연결하세요.

开 •	• 芽 •	• 잎이 자라다
长 •	• 花 •	• 싹이 트다
发 •	• 叶 •	• 꽃이 피다

2 빈칸에 들어갈 알맞은 단어를 보기에서 골라 쓰세요.

① ☐ 是男生。　②　☐ 是女学生。　③　☐ 是小马。

15

1 식물의 각 부분의 명칭과 식물이 자라기 위해 필요한 것을 알아볼까요?

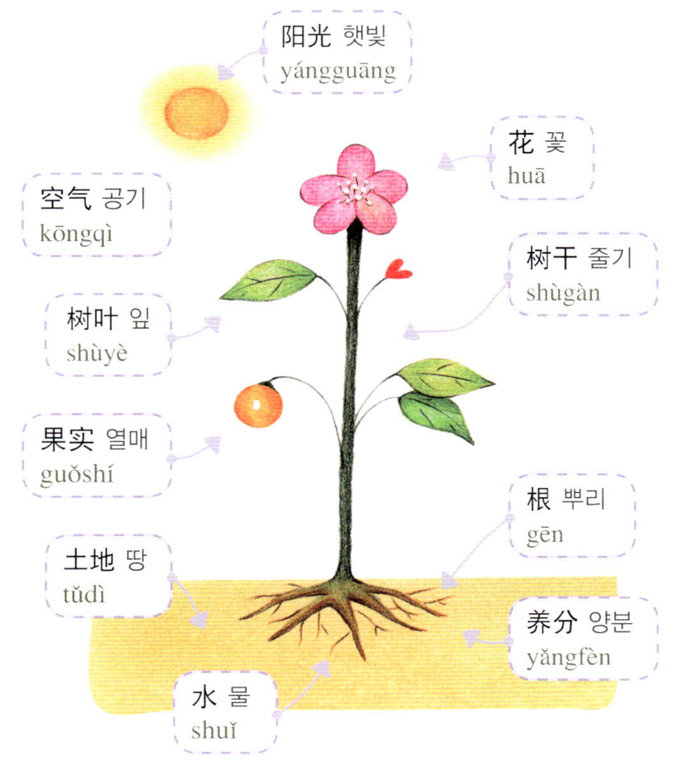

1 我想土地是树的妈妈。
Wǒ xiǎng tǔdì shì shù de māma.
나는 땅이 나무의 엄마라고 생각해요.

2 没有阳光，花是不能生存的。
Méi yǒu yángguāng, huā shì bù néng shēngcún de.
햇빛이 없다면, 꽃은 살아갈 수 없어요.

3 如果没有水，花会凋谢的。
Rúguǒ méiyǒu shuǐ, huā huì diāoxiè de.
만약에 물이 없다면, 꽃은 시들어 버릴 거예요.

4 春天开花，秋天结果实。
Chūntiān kāihuā, qiūtiān jiē guǒshí.
봄에 꽃이 피면, 가을에 열매를 맺어요.

6 最美的宝贝

林中小鸟在歌唱，

爸爸看着宝贝笑：“你的声音更好听。”

天上星星亮晶晶，

妈妈抱着宝贝哼：“你的眼睛更美丽。”

Zuì měi de bǎobèi  16

Lín zhōng xiǎoniǎo zài gē chàng,
bàba kànzhe bǎobèi xiào:
"Nǐ de shēngyīn gèng hǎotīng."
Tiānshàng xīngxing liàngjīngjīng,
māma bàozhe bǎobèi hēng:
"Nǐ de yǎnjing gèng měilì."

단어 17

宝贝	bǎobèi	보배	亮晶晶	liàngjīngjīng	반짝 반짝 빛나다
声音	shēngyīn	목소리	抱	bào	안다
好听	hǎotīng	듣기 좋다	哼	hēng	흥얼거리다

잘 이해했나요?

1 아빠와 엄마의 생각을 뜻에 맞게 쓰세요.

① 아이의 목소리가 작은 새의 노래 소리보다 더 듣기 좋단다.

比 . 歌声 . 好听 . 的 . 更 . 小鸟

宝贝的声音＿＿＿＿＿＿＿＿＿＿＿＿＿＿＿＿。

② 아이의 눈이 하늘의 별보다 더 아름답구나.

美丽，星星，天上，更，比，的

宝贝的眼睛＿＿＿＿＿＿＿＿＿＿＿＿＿＿＿＿。

2 아빠는 왜 작은 새소리보다 아이의 목소리가 더 좋다고 했나요?

① 새소리가 별로 듣기 좋지 않아서 ② 아이의 목소리가 정말로 더 듣기가 좋아서

③ 아이를 사랑하는 아빠의 마음이 아주 커서 ④ 아이의 목소리가 새소리보다 가까이 있어서

이것만은 알아두세요

● **동사가 이어서 나오는 문장** 연동문

연동문이란 두 개 이상의 동사가 연이어 나오는 문장이에요. 주어는 하나이고, 동사의 순서는 바뀔 수 없어요.

(주어)명사 + 동사1 + 명사 + 동사2 + 명사

나는 일요일에 백화점에 가서 옷을 살 거예요.
我星期天要到百货商店去买衣服。(○)
Wǒ xīngqītiān yào dào bǎihuòshāngdiàn qù mǎi yīfu.
我星期天要买衣服到百货商店去。(×)
Wǒ xīngqītiān yào mǎi yīfu dào bǎihuòshāngdiàn qù.

딩딩은 여름방학에 중국에 가서 중국어를 배울 계획이에요.
丁丁打算暑假到中国去学汉语。(○)
Dīngding dǎsuan shǔjià dào Zhōngguó qù xué Hànyǔ.
丁丁打算暑假学汉语到中国去。(×)
Dīngding dǎsuan shǔjià xué Hànyǔ dào Zhōngguó qù.

1 그림을 보고 맞는 문장에 동그라미 하세요.

大象的鼻子比皮诺曹的更长。

巨人的个子比矮人的更高。

小猴的体重比小熊的更重。

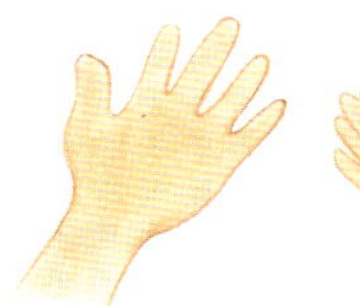

宝贝的手比爸爸的更大。

2 '天上星星亮晶晶的'에서 '天上星星' 대신 넣을 수 있는 단어는 무엇일까요?

① 眼睛　　　② 镜子　　　③ 小河　　　④ 阳光

이렇게 말해보아요　18

1 색을 나타내는 다양한 표현을 알아볼까요?

绿油油 짙푸르다
lǜyóuyóu

红彤彤 새빨갛다
hóngtóngtóng

白茫茫 새하얗다
báimángmáng

黑漆漆 새까맣다
hēiqīqī

2 함께 읽어보아요.

1 下雪了，操场上白茫茫的。　눈이 와서 운동장이 새하얘요.
　Xiàxuě le, cāochǎng shàng báimángmáng de.

2 你的手黑漆漆的，快去卫生间洗一洗吧。　네 손이 새까맣구나, 빨리 화장실 가서 씻으렴.
　Nǐ de shǒu hēiqīqī de, kuài qù wèishēngjiān xǐ yi xǐ ba.

7 风筝飞上天

생각해 보세요

'에헤야디야, 바람 분다. 연을 날려보자. 에헤야디야, 잘 도 난다. 우리의 꿈을 싣고.' 이 노래를 들으면 어떤 느낌이 드나요? 얼레에 감긴 줄이 풀리면서 높이높이 올라가는 연에 내 소원을 띄워 보내는 마음으로 이 글을 읽어 보세요.

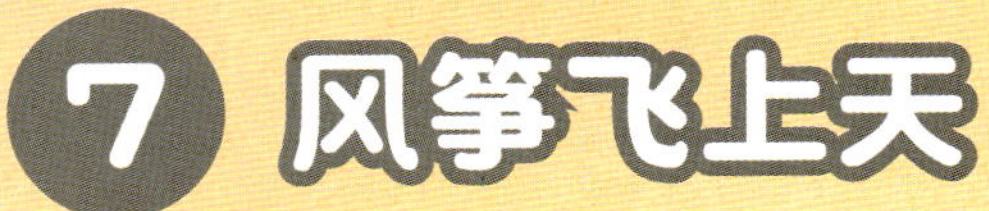

星期天去公园，
我和爸爸放风筝。
风筝飞上天，
对着白云笑。
风筝和白云在天空中
一起快乐追逐。

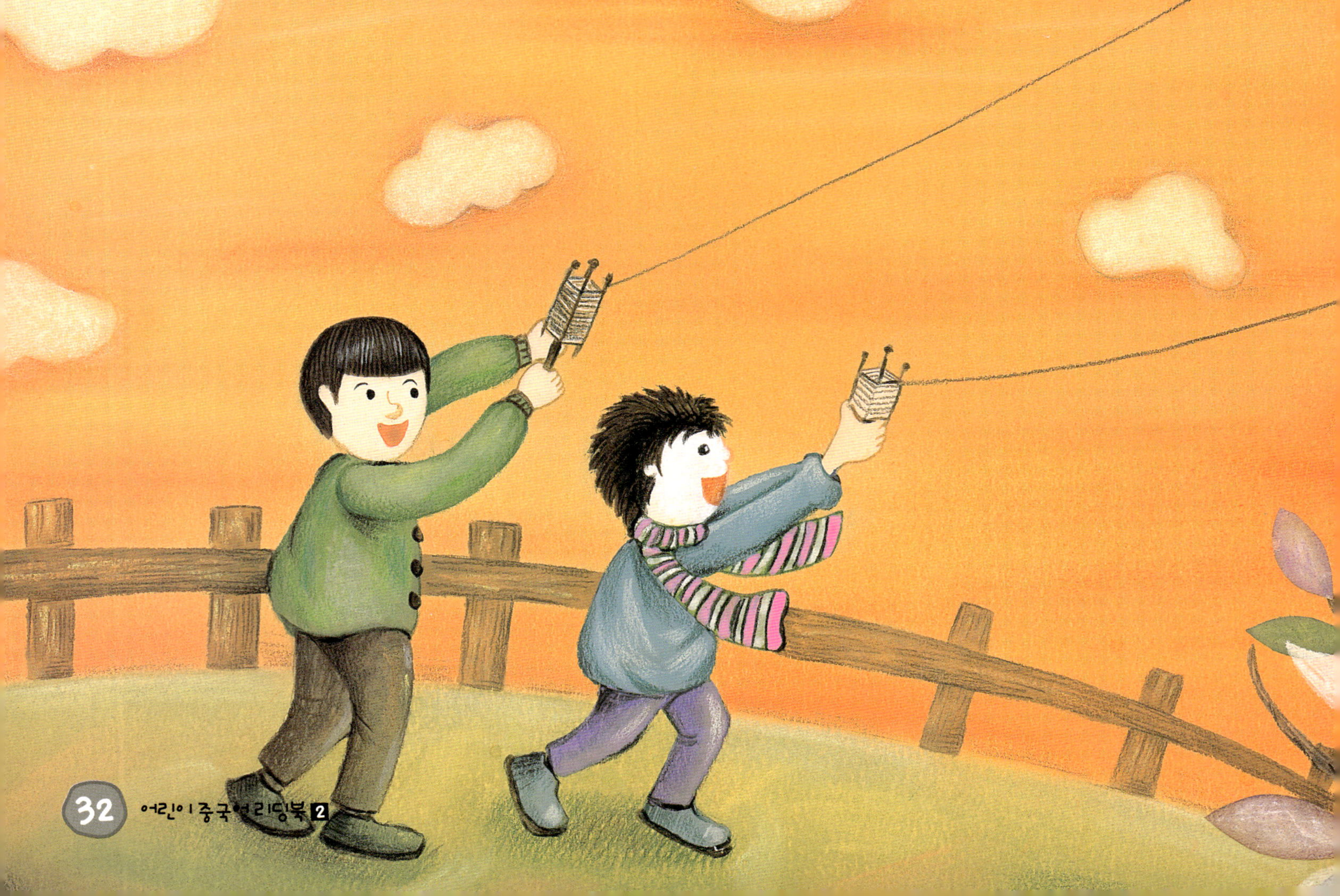

Fēngzheng fēishàng tiān 🔊 19

Xīngqītiān qù gōngyuán,
wǒ hé bàba fàng fēngzheng.
Fēngzheng fēishàng tiān,
duìzhe báiyún xiào.
Fēngzheng hé báiyún zài tiānkōng zhōng
yìqǐ kuàilè zhuīzhú.

단어 🔊 20

▸ 公园	gōngyuán	공원
▸ 放	fàng	(연을) 날리다
▸ 风筝	fēngzheng	연
▸ 对着	duìzhe	～로 향하다
▸ 天空	tiānkōng	하늘
▸ 追逐	zhuīzhú	쫓아다니다

1 연과 친구가 된 것은 무엇이었나요?

① 小鸟　　　　② 白云　　　　③ 天空　　　　④ 公园

2 星期天我和爸爸做什么?

① 做作业　　　　② 吃饭　　　　③ 看电影　　　　④ 放风筝

3 연과 흰 구름이 놀고 있는 모습을 나타낸 문장은 어느 것일까요?

① 星期天去公园　　② 一起快乐追逐　　③ 风筝飞上天　　④ 对着白云笑

● **동사가 이어서 나오는 문장의 부정형** 연동문의 부정형

연동문을 부정문으로 바꾸기 위해서는 첫 번째 동사 앞에 '不(안 하다)' 또는 '没(有) (안 했다)'를 붙이면 돼요.

> (주어)명사 + 不 / 没(有) + 동사1 + 명사 + 동사2 + 명사

난 오늘 책을 보러 도서관에 가지 않아요.
我今天不去图书馆看书。（○）
Wǒ jīntiān bú qù túshūguǎn kàn shū.
我今天去图书馆不看书。（×）
Wǒ jīntiān qù túshūguǎn bú kàn shū.

동생은 어제 컴퓨터 게임을 하러 PC방에 가지 않았어요.
弟弟昨天没去网吧打电脑游戏。（○）
Dìdi zuótiān méi qù wǎngbā dǎ diànnǎo yóuxì.
弟弟昨天去网吧没打电脑游戏。（×）
Dìdi zuótiān qù wǎngbā méi dǎ diànnǎo yóuxì.

1 '我和爸爸放风筝'의 '放'과 같은 뜻으로 쓰인 것을 고르세요.

① 儿童节放假　　② 牧童放绵羊　　③ 行李放在桌子上　　④ 当当把风筝放飞

tip 牧童 mùtóng 목동

2 연과 흰 구름이 친구가 되는 데 도움을 준 것은 무엇일까요?

① 风　　　　② 小鸟　　　　③ 树木　　　　④ 太阳

1 공원에서 할 수 있는 놀이에는 어떤 것들이 있을까요?

打羽毛球　　　滑旱冰
dǎ yǔmáoqiú　　huá hànbīng
배드민턴 치기　　인라인 스케이트 타기

跟小狗散步　　拍皮球
gēn xiǎogǒu sànbù　　pāi píqiú
강아지와 산책하기　　공놀이 하기

骑自行车　　滑滑板
qí zìxíngchē　　huá huábǎn
자전거 타기　　스케이트 보드 타기

2 여러분이 공원에서 좋아하는 놀이는 무엇인가요? 서로 묻고 답해볼까요?

A: 你在公园里喜欢玩什么?　넌 공원에서 무슨 놀이를 하며 노는 것을 좋아하니?
Nǐ zài gōngyuán li xǐhuan wán shénme?

B: 我最喜欢打羽毛球。你呢?　난 배드민턴 치는 걸 좋아해. 넌?
Wǒ zuì xǐhuan dǎ yǔmáoqiú. Nǐ ne?

A: 我喜欢吃晚饭后跟小狗散步。　난 저녁을 먹은 후 강아지와 산책하는 걸 좋아해.
Wǒ xǐhuan chī wǎnfàn hòu gēn xiǎogǒu sànbù.

B: 那么明天我们一起去公园玩吧。　그럼, 우리 내일 같이 공원에 가서 놀자.
Nàme míngtiān wǒmen yìqǐ qù gōngyuán wán ba.

妈妈送我一个熊娃娃，

我是多么地喜欢它呀，

告诉它我所有的小秘密。

白天带着它到处冒险，

晚上和它一起进入甜美的梦乡。

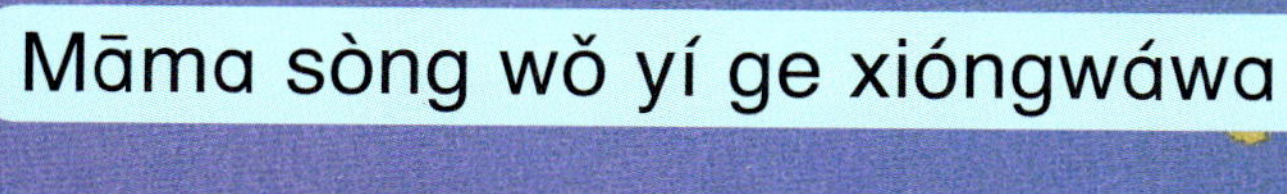

Māma sòng wǒ yí ge xióngwáwa

Māma sòng wǒ yí ge xióngwáwa,
wǒ shì duōme de xǐhuan tā ya,
gàosu tā wǒ suǒyǒu de xiǎomìmì.
Báitiān dàizhe tā dàochù màoxiǎn,
wǎnshang hé tā yìqǐ jìnrù tiánměi de mèngxiāng.

▶ 熊娃娃	xióngwáwa	곰 인형	▶ 到处	dàochù	곳곳에
▶ 多么地	duōme de	얼마나	▶ 冒险	màoxiǎn	모험하다
▶ 告诉	gàosu	말하다	▶ 进入	jìnrù	(어떤 시기·상태·범위에) 들어가다
▶ 所有	suǒyǒu	모든	▶ 甜美	tiánměi	달콤하다
▶ 秘密	mìmì	비밀	▶ 梦乡	mèngxiārg	꿈나라

1 본문의 내용과 일치하는 것은 어느 것인가요?

① 아빠가 곰 인형을 사주셨다.　　② 나는 곰 인형을 무척 좋아한다.
③ 나는 모험을 싫어한다.　　④ 어머니께 내 비밀을 모두 말씀 드린다.

2 나와 곰 인형과의 관계를 나타낸 것은 무엇인가요?

① 老师和学生　　② 好朋友　　③ 夫妻　　④ 哥哥和弟弟

> tip 夫妻 fūqī 부부

3 '白天带着它到处冒险'의 의미로 가장 알맞은 것은 무엇인가요?

① 집안 곳곳을 다니며 놀아요.
② 데리고 쇼핑을 하는 것이 즐거워요.
③ 할머니 댁에 데리고 가니 심심하지 않아요.
④ 혼자 가기가 두려웠던 곳을 곰 인형이 함께 있어서 갈 수 있어요.

● **목적어를 두 개 갖는 동사** 쌍빈어 동사(이중 목적어 동사)

'누구에게 무엇을 주다'라고 하는 문장에는 '주다'라는 동사 1개와 '누구'와 '무엇'이라는 2개의 목적어
가 있어요. 이런 동사에는 '送, 给, 告诉, 交, 还, 借'가 있어요.

동사 + 사람 + 사물

王老师教我们汉语。　（○）
Wáng lǎoshī jiāo wǒmen Hànyǔ.
王老师给我们教汉语。　（×）
Wáng lǎoshī gěi wǒmen jiāo Hànyǔ.
왕 선생님은 우리에게 중국어를 가르쳐 주십니다.

当当送我一个礼物。　（○）
Dāngdang sòng wǒ yí ge lǐwù.
当当给我送一个礼物。　（×）
Dāngdang gěi wǒ sòng yí ge lǐwù.
당당은 나에게 선물을 했어요.

1 빈칸에 공통으로 들어갈 알맞은 단어를 보기에서 골라 쓰세요.

보기　喜欢　　多么　　甜美　　到处

他 ［　　　］ 帅呀！　　　　　妹妹 ［　　　］ 可爱呀！

2 '公开'와 반대되는 단어는 무엇인가요?

① 所有　　　② 告诉　　　③ 秘密　　　④ 冒险

tip　公开 gōngkāi 공개하다

3 이 글의 '告诉它我所有的小秘密'에 해당되지 않는 것은 무엇입니까?

① 좋아하는 이성 친구가 생긴 것　　② 수학시험 100점 맞은 것
③ 수업시간에 장난치다가 야단맞은 일　　④ 다른 친구 슥제를 베낀 일

24

1 여러분이 받고 싶은 선물에는 어떤 것이 있나요?

2 각자 갖고 싶은 선물에 대해 말해보아요.

1　明天是我的生日，我希望得到一个又大又可爱的布娃娃。
Míngtiān shì wǒ de shēngrì, wǒ xīwàng dédào yí ge yòu dà yòu kě'ài de bùwáwa.
내일은 내 생일이야. 나는 크고 예쁜 인형을 받고 싶어.

2　妹妹小时候最喜欢的玩具是有一头金发的芭比娃娃。
Mèimei xiǎoshíhou zuì xǐhuan de wánjù shì yǒu yì tóu jīnfà de bābǐwáwa.
여동생이 어렸을 때 가장 좋아하는 장난감은 금발머리의 바비 인형이야.

9 美味的'小白鹅'

这只小白鹅穿着白衣服，

肚子鼓鼓的，还有小翅膀。

游泳游累了，回到盘子里。

啊，原来是好吃的饺子！

 어린이중국어리딩북 2

Měiwèi de xiǎobái'é 

Zhè zhī xiǎobái'é chuānzhe bái yīfu,
dùzi gǔgǔ de,
háiyǒu xiǎochìbǎng.
Yóuyǒng yóulèi le,
huídào pánzi li.
Ā, yuánláishì hǎochī de jiǎozi!

단어

▶ 白鹅	bái'é	흰 고니
▶ 肚子	dùzi	배
▶ 鼓鼓的	gǔgǔ de	불룩하다
▶ 翅膀	chìbǎng	날개
▶ 盘子	pánzi	접시
▶ 原来	yuánlái	알고 보니, 원래
▶ 饺子	jiǎozi	만두

잘 이해했나요?

1 이 글로 보아 내가 지금 먹는 것은 무엇인가요?

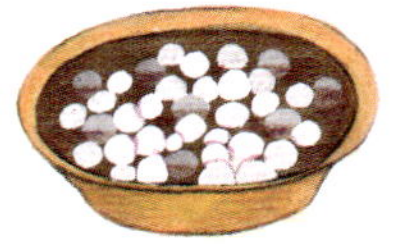

① 白鹅　　　② 苹果　　　③ 饺子　　　④ 汤圆

2 白鹅와 饺子의 닮은 점이 <u>아닌</u> 것은 무엇일까요?

① 穿着白衣服　　② 肚子鼓鼓的　　③ 脖子长长的　　④ 有小翅膀

3 '游泳游累了, 回到盘子里'은 무엇을 비유한 표현일까요?

① 만두를 삶으려고 솥에 넣는 모습
② 만두를 예쁘게 빚어 접시에 담아둔 모습
③ 만두가 수영을 좋아해 수영하다 지쳐 접시에서 쉬는 모습
④ 만두가 익어서 물 위에 떠오른 것을 보고 접시에 담는 모습

이것만은 알아두세요

● **결과를 설명해주는 累와 到** 결과보어

동작의 결과나 동작 이후에 나타난 상태를 설명해 주는 것을 '결과보어'라고 해요.

동사 + 累　　'累'는 동작을 하여서 몸이 피곤하게 되었음을 나타내요.

玩累了
wánlèi le
놀아서 피곤하다

走累了
zǒulèi le
걸어서 피곤하다

동사 + 到　　'到'는 동작을 통하여 어떤 장소나 범위 혹은 시점에 다다름을 나타내요.

丁丁和当当走到学校。
Dīngding hé Dāngdang zǒudào xuéxiào.
딩딩과 당당은 학교까지 걸었어요.

我今天学到第二课。
Wǒ jīntiān xuédào dì èr kè.
난 오늘 2과까지 배웠어요.

1 빈칸에 原来 또는 本来를 쓰세요.

① 她 [____] 很胖，现在减肥成功了。 그녀는 원래 뚱뚱했었는데, 지금은 다이어트에 성공했어요.

② 他 [____] 聪明。 그는 본래 똑똑했어요.

③ 我以为谁敲门呢? [____] 是你。 나는 누가 문을 두드리나 했더니, 알고 보니 너였구나!

> **tip** 本来: 과거와 변화가 없는 경우에 써요.
> 原来: 本来와 같은 의미로도 쓰이고 과거와 현재의 상황에 변화가 있는 경우에 써요.
> 또한 본문에서처럼 '알고 보니'의 뜻도 있어요.

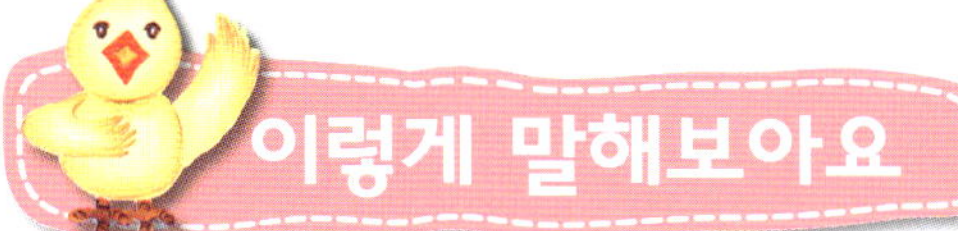

1 동물의 각 부위의 이름을 알아볼까요?

2 다음 물음에 알맞은 새를 보기에서 골라 대답해보아요.

보기

喜鹊	xǐque	까치
鸵鸟	tuóniǎo	타조
鹦鹉	yīngwǔ	앵무새
孔雀	kǒngquè	공작
乌鸦	wūyā	까마귀
啄木鸟	zhuómùniǎo	딱따구리

1 A: 什么鸟会给我们带来好消息?
Shénme niǎo huì gěi wǒmen dàilái hǎo xiāoxi?
우리들에게 좋은 소식을 전해 주는 새는?

B: ___________________

2 A: 什么鸟的尾巴又大又漂亮?
Shénme niǎo de wěiba yòu dà yòu piàoliang?
꼬리가 크고 예쁜 새는?

B: ___________________

3 A: 什么鸟会模仿我们说话呢?
Shénme niǎo huì mófǎng wǒmen shuōhuà ne?
우리들의 말 흉내를 잘 내는 새는?

B: ___________________

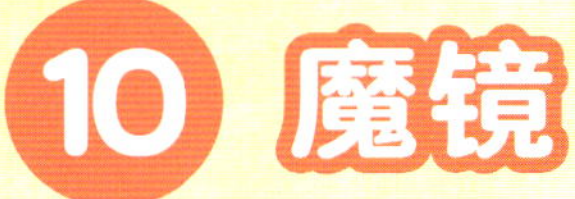

10 魔镜

> 생각해 보세요
>
> 마술 거울 앞에 서면 몸이 뚱뚱한 친구는 홀쭉해지고 키 작은 친구는 키가 커져요。 동물 농장에 마술 거울이 있다면 어떻게 될까요? 마술 거울 앞에 곰, 원숭이, 토끼가 서면 어떻게 될 지 상상하며 이 글을 읽어 보아요。

动物园里有魔镜。
小熊一看瘦瘦的，
小猴一照高高的，
小兔一瞧胖乎乎。
嘻嘻嘻，哈哈哈，
笑声传遍了动物园。

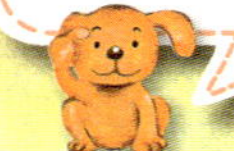

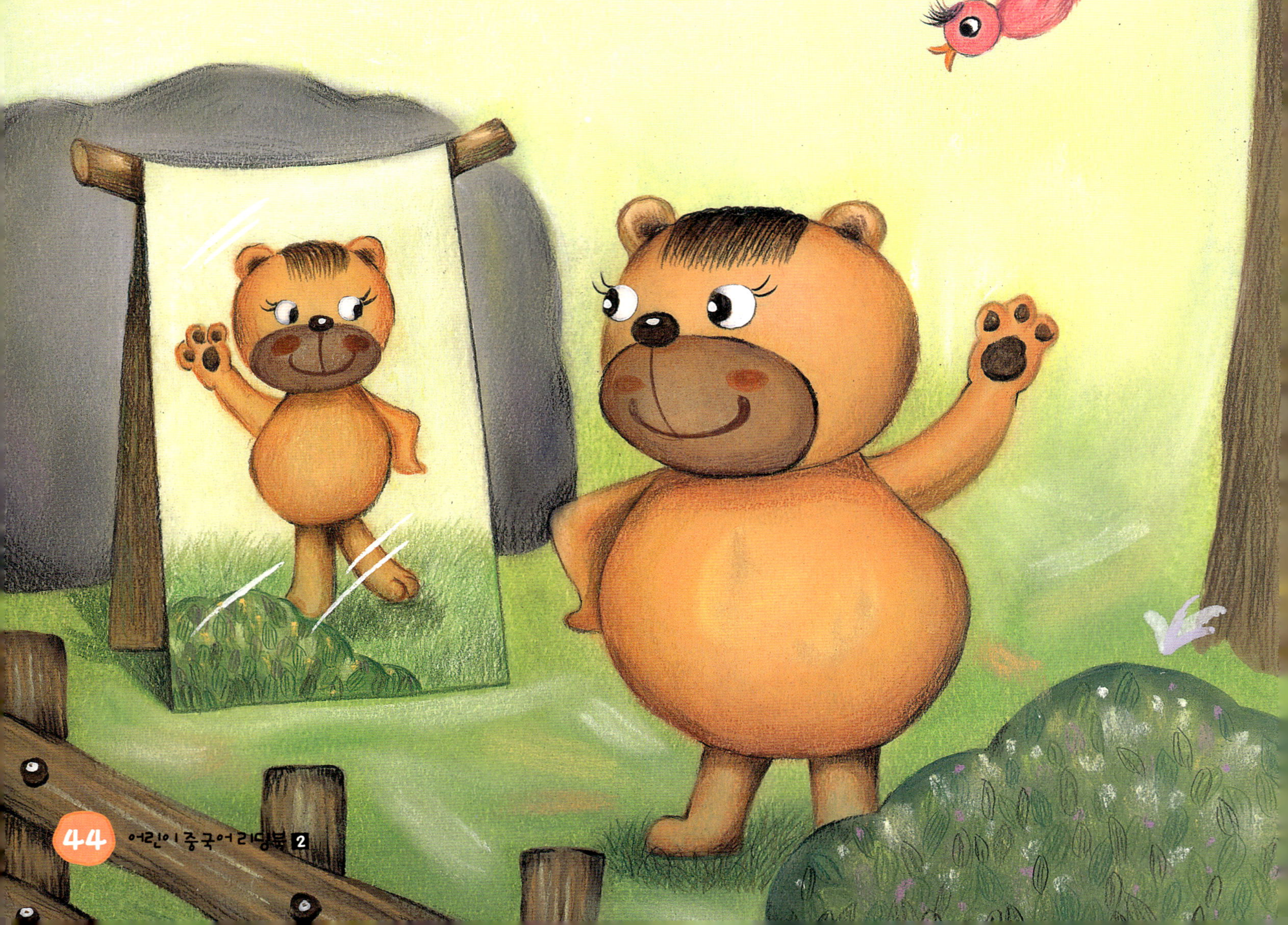

Mójìng

Dòngwùyuán li yǒu mójìng.
Xiǎoxióng yíkàn shòushòu de,
xiǎohóu yízhào gāogāo de,
xiǎotù yìqiáo pànghūhū.
Xīxīxī, hāhāhā,
xiàoshēng chuánbiànle dòngwùyuán.

단어

魔镜	mójìng	마술 거울
瘦瘦的	shòushòu de	날씬하다
猴	hóu	원숭이
照	zhào	비추다
瞧	qiáo	보다
胖乎乎	pànghūhū	뚱뚱하다
笑声	xiàoshēng	웃음소리
传遍	chuánbiàn	널리 퍼지다

1 웃음소리가 동물원에 가득 퍼진 이유는 무엇인가요?

① 아기 곰의 뒤뚱거리는 모습이 귀여워서

② 아기 원숭이의 나무 타는 재주가 신기해서

③ 토끼의 꼬리가 길게 변한 모습이 재미있어서

④ 마술 거울에 비춰진 각기 다른 모습을 보고 웃는 소리가 아주 커서

2 동물원에는 무슨 거울이 있나요?

① 마술 거울　　② 손거울　　③ 전신 거울　　④ 벽 거울

3 이 글에서 나오는 동물이 <u>아닌</u> 것은 어느 것입니까?

① 小熊　　② 小猴　　③ 小兔　　④ 小猫

● 一의 용법

'一'가 동사 앞에 오면, '~하자마자 바로 ~해요'라는 뜻으로, 동작이 시작되자 결과가 곧바로 나타나는 것을 말해요.

我刚一出门就下雨了。
Wǒ gāng yì chūmén jiù xiàyǔ le.
내가 집을 나서자 마자 비가 내렸어요.

那个小女孩儿很害羞，一说话脸就红了。
Nà ge xiǎo nǚháir hěn hàixiū, yì shuōhuà liǎn jiù hóng le.
그 여자아이는 부끄럼을 잘 타서 말하자마자 얼굴이 빨개졌어요.

1 본문 속 동물들의 본래 모습과 마술 거울에 비춰본 모습의 변화 순서를 알맞게 연결하세요.

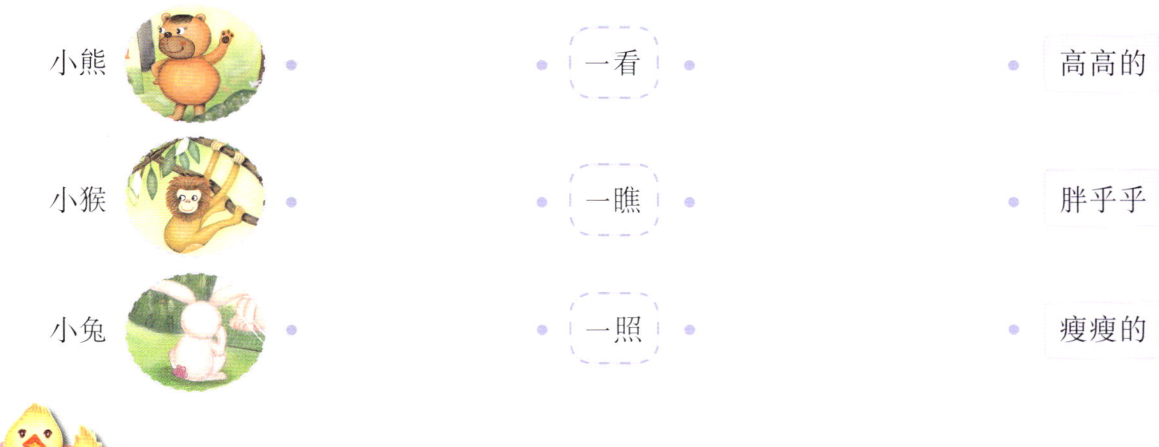

小熊 •　　• 一看 •　　• 高高的

小猴 •　　• 一瞧 •　　• 胖乎乎

小兔 •　　• 一照 •　　• 瘦瘦的

1 반대말끼리 짝 지어진 단어를 익혀볼까요?

短短的 duǎnduǎn de 짧다 长长的 chángcháng de 길다	高高的 gāogāo de (키가) 크다 矮矮的 ǎiǎi de (키가) 작다	快快地 kuàikuài de 빠르다 慢慢地 mànmàn de 느리다	远远地 yuǎnyuǎn de 멀다 近近地 jìnjìn de 가깝다

2 함께 읽어보아요.

1 长颈鹿的脖子长长的。 기린의 목은 길어요.
Chángjǐnglù de bózi chángcháng de.

tip　长颈鹿 chángjǐnglù 기린

2 小的时候, 他矮矮的, 没想到长大以后成了篮球选手。
Xiǎo de shíhou, tā ǎiǎi de, méi xiǎngdào zhǎngdà yǐhòu chéngle lánqiú xuǎnshǒu.
어릴 적 그는 키가 작아서 그가 커서 농구 선수가 될 거라고는 생각도 못했어요.

3 房子里住着三只熊, 熊爸爸胖胖的, 熊妈妈瘦瘦的, 小熊很可爱。
Fángzi li zhùzhe sān zhī xióng, xióngbàba pàngpàng de, xióngmāma shòushòu de, xiǎoxióng hěn kě'ài.
집에 세 마리 곰이 살고 있어요. 아빠 곰은 뚱뚱하고, 엄마 곰은 날씬하고, 아기 곰은 귀여워요.

11　像糖像盐

冬天的早上

小马看到草地上

有一层厚厚的东西，

像它喜欢的糖一样白。

小马尝了一口，不甜。

可是也不像上次吃错的盐那么咸。

小马尝的是什么？

Xiàng táng xiàng yán 

Dōngtiān de zǎoshang
xiǎomǎ kàndào cǎodì shàng
yǒu yì céng hòuhou de dōngxi,
xiàng tā xǐhuan de táng yíyàng bái.
Xiǎomǎ chángle yì kǒu, bù tián.
Kěshì yě bú xiàng shàngcì chīcuò de yán nàme xián.
Xiǎomǎ cháng de shì shénme?

단어

糖	táng	설탕
盐	yán	소금
草地	cǎodì	풀밭
厚	hòu	두껍다
尝	cháng	맛보다

一口	yì kǒu	한 입
甜	tián	달다
上次	shàngcì	지난번
吃错	chīcuò	잘못 먹다
咸	xián	짜다

1 이 글의 시간적 배경이 나타나 있는 문장은 무엇인가요?

① 小马看到草地上　　② 有一层厚厚的东西
③ 冬天的早上　　④ 可是也不像上次吃错的盐那么咸

2 본문에서 말이 오해하고 먹은 두 가지의 맛을 쓰세요.

3 小马尝的是什么?

① 糖　　② 盐　　③ 雪　　④ 草

● 像 ^{비교문}

'像'은 '像……这么(那么)……' '~처럼 이렇게(저렇게) ~하다' 라는 뜻으로 사람이나 사물이 비슷함을 나타내요.

弟弟**像**我这么喜欢学汉语。
Dìdi xiàng wǒ zhème xǐhuan xué Hànyǔ.
동생은 나처럼 이만큼 중국어를 배우는 것을 좋아해요.

'像……这么(那么)……'의 부정형은 '不像……这么(那么)……'이에요.

我唱歌**不像**你唱得这么好。
Wǒ chàng gē bú xiàng nǐ chàng de zhème hǎo.
난 너처럼 이렇게 노래를 잘 부르지 못해.

의문형을 만들 때에는 '像不像……这么(那么)……'라고 해야 돼요.

上海**像不像**韩国那么冷?
Shànghǎi xiàng bu xiàng Hánguó nàme lěng?
상해는 한국처럼 그렇게 춥니?

1 빈칸에 들어갈 알맞은 단어를 보기에서 골라 써 넣으세요.

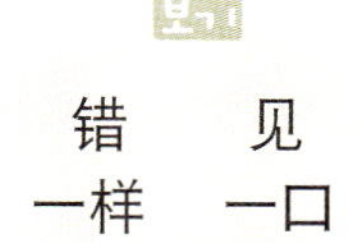

错　　见
一样　一口

① 빵을 한 입 먹어 보았다. ➡ 尝了 ☐ ☐ 面包。

② 약을 잘못 먹었다. ➡ 吃 ☐ 药了。

2 음식과 맛을 바르게 나타낸 것은 어느 것일까요?

①  酸 suān　②  苦 kǔ　③  咸 xián　④  辣 là

1 맛을 나타내는 단어를 살펴볼까요?

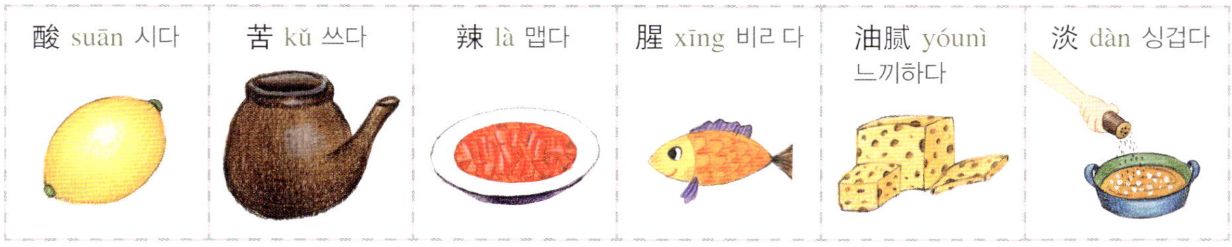

2 함께 읽어보아요.

A: 你吃过韩国泡菜吗? 听说很辣，是吗?
　　Nǐ chīguo Hánguó pàocài ma? Tīngshuō hěn là, shì ma?
　　너 한국 김치 먹어본 적 있니? 듣자 하니 맵다고 하던데, 그렇니?

B: 吃过，刚做的泡菜有点儿辣，时间长了以后有点儿酸。你喜欢吃辣的吗?
　　Chīguo, gāng zuò de pàocài yǒudiǎnr là, shíjiān chángle yǐhòu yǒudiǎnr suān. Nǐ xǐhuan chī là de ma?
　　먹어봤어. 막 만든 김치는 좀 맵지만 시간이 오래되면 좀 새콤해. 너는 매운 것을 좋아하니?

A: 喜欢，我们四川人都爱吃辣的。
　　Xǐhuan, wǒmen Sìchuānrén dōu ài chī là de.
　　좋아해. 우리 쓰촨 사람은 모두 매운 것을 좋아해.

B: 那你应该尝尝韩国泡菜。
　　Nà nǐ yīnggāi chángchang Hánguó pàocài.
　　그렇다면 넌 한국의 김치를 맛보아야겠다.

12 吹泡泡

宝宝吹泡泡，
大的，小的，圆圆的。
泡泡飞上天，
宝宝伸手抓泡泡。
泡泡跑，宝宝追。
啪啪，啪啪啪，
泡泡怎么没有了？

Chuī pàopao 🔘34

Bǎobao chuī pàopao,
dà de, xiǎo de, yuányuán de.
Pàopao fēishàng tiān,
bǎobao shēnshǒu zhuā pàopao.
Pàopao pǎo, bǎobao zhuī.
Pāpā, pāpāpā,
pàopao zěnme méiyǒu le?

단어 🔘35

▶ 吹	chuī	불다		▶ 抓	zhuā	잡다
▶ 泡泡	pàopao	비누방울		▶ 追	zhuī	쫓아가다
▶ 圆	yuán	둥글다		▶ 啪	pā	톡 (부서지는 소리를 나타냄)
▶ 伸手	shēnshǒu	손을 내밀다		▶ 怎么	zěnme	왜, 어째서

1 이 글의 내용과 일치하는 것은 어느 것일까요?

① 비누방울의 색깔이 다양하다.
② 비누방울을 아이가 터뜨리고 있다.
③ 엄마와 아이가 비누방울 놀이를 하고 있다.
④ 아이가 비누방울을 잡으려고 해도 잡히지 않는다.

2 아이가 만든 비누방울 모양이 <u>아닌</u> 것은 무엇인가요?

① 大大的　　　② 圆圆的　　　③ 长长的　　　④ 小小的

3 비누방울은 왜 사라졌나요?

① 태양이 녹여 버려서　　　　② 작은 새가 먹어 버려서
③ 내가 손으로 터뜨려서　　　④ 공기 중에 터져 버려서

● **소리를 나타내는 말** 拟声词의성어

의성어란 '깔깔, 우당탕, 똑똑, 하하하'처럼 소리를 흉내 내는 말이에요.

哈哈
hāhā

爸爸 "哈哈" 大笑了。
Bàba "hāhā" dàxiào le.
아빠는 "하하"하고 크게 웃으셨어요.

小狗 "汪汪" 地叫起来
Xiǎogǒu "wāngwāng" de jiào qǐlái.
강아지가 "멍멍"하고 짖기 시작했어요.

汪汪
wāngwāng

喵喵
miāomiāo

小猫 "喵喵" 地叫。
Xiǎomāo "miāomiāo" de jiào.
고양이가 "야옹야옹"하고 울었어요.

1 박수 소리 또는 물건 등이 부딪치는 소리를 나타낸 말을 고르세요.

① 宝宝　　　　② 泡泡　　　　③ 圆圆　　　　④ 啪啪

2 빈칸에 공통으로 들어갈 알맞은 단어는 무엇일까요?

> 宝贝　　泡泡　　猫　　老鼠　　警察　　小偷

① 吹　　　② 飞　　　③ 跑　　　④ 抓

tip 警察 jǐngchá 경찰　小偷 xiǎotōu 도둑

3 다음 물건의 공통된 모양은 무엇일까요?

> 球，　地球仪，　泡泡，　气球

① 圆　　　② 三角　　　③ 方　　　④ 半圆

tip 地球仪 dìqiúyí 지구본

1 우리가 일상생활에서 하는 행동을 알아보아요.

2 함께 읽어보아요.

1 大家是不是有点儿困? 伸伸懒腰再继续上课吧。
Dàjiā shìbushì yǒudiǎnr kùn? Shēnshen lǎnyāo zài jìxù shàngkè ba.
여러분 좀 피곤하지요? 기지개를 켜고 나서 다시 수업을 합시다.

2 冬冬弯着腰捡垃圾。 동동은 허리를 굽혀 휴지를 주워요.
Dōngdong wānzhe yāo jiǎn lājī.

[01–04] 다음 설명에 알맞은 단어를 [보기]에서 골라 번호를 쓰세요.

보기 ① 到来 ② 迎春花 ③ 梦想 ④ 花丛 ⑤ 台历 ⑥ 儿童节

01 우리에게 봄이 온 것을 알려주는 노란색의 꽃 :

02 누구나 가지고 있는 미래에 대한 생각 :

03 책상 위에 서 있으며 우리에게 날짜를 알려줘요 :

04 우리는 5월 5일이지만 중국은 6월 1일이래요 :

[05–08] 우리말과 같은 뜻이 되도록 빈칸에 알맞은 말을 [보기]에서 골라 번호를 쓰세요.

보기 ① 胡萝卜 ② 海滩 ③ 开 ④ 调皮 ⑤ 只 ⑥ 立在

05 너처럼 예쁘게 피었구나.   得像你一样美丽。

06 들판을 다니면서 당근 먹고 산단다.   我在田野里寻找   。

07 단지 내 생일만 보여요.   看见我的生日。

08 장난꾸러기 파도가 살며시 다가왔어요.   跑来了   的小浪花。

[09–12] 다음 빈칸에 알맞은 단어를 고르세요.

09   欢迎春天的到来。

① 因为   ② 为了   ③ 为什么   ④ 怎么

10 台历   立在桌上。

① 胖胖的   ② 长长地   ③ 大大的   ④ 静静地

11 중국과 우리나라에서 가장 크게 생각하는 명절로 이 날 중국에서는 만두를, 우리는 떡국을 먹습니다. 무슨 명절인가요?

① 儿童节   ② 元宵节   ③ 中秋节   ④ 春节

12 그림과 어울리는 단어는 어느 것입니까?

① — 梅花   ② — 向日葵   ③ — 玉兰花   ④ — 菊花

13 妈妈，妈妈，快来看。　•

　•　㉠ 계속해서 내 작은 발바닥을 간질이죠.

14 我在花丛中寻找花蜜。　•

　•　㉡ 내가 파도를 쫓아 따라가니, 파도는 달아나버리죠.

15 不时地挠我的小脚丫。　•

　•　㉢ 나는 꽃 무리에서 꽃을 찾아.

16 我追赶浪花，浪花逃。　•

　•　㉣ 엄마, 엄마, 빨리 와서 보세요.

[17-18] 다음 질문에 가장 어울리는 대답을 고르세요.

17 你找什么呢？

① 金黄的迎春花开了。　　　　② 我环游世界寻找梦想。

③ 看见了妈妈的生日。　　　　④ 不时地挠我的小脚丫。

18 妈妈看见什么？

① 她看见了我的生日。　　　　② 我在花丛中寻找花蜜。

③ 妈妈妈妈快来看。　　　　　④ 我追赶浪花。

[19-20] 다음 글을 읽고 아래 물음에 답하세요.

① "妈妈妈妈快来看， 金黄的迎春花开了。" 妈妈说："是啊！是啊！开得像你一羊美丽。" "妈妈，迎春花为什么开？" "为了欢迎春天的到来。"	② 小蜜蜂，小蜜蜂，你找什么呀？ 我在花丛中寻找花蜜。 小白兔，小白兔，你找什么呀？ 我在田野里寻找胡萝卜。 白云啊，白云，你找什么呢？ 我环游世界寻找梦想。
③ 台历静静地立在桌上。 爸爸过来看看，看见了妈妈的生日。 妈妈过来看看，看见了我的生日。 我过来看看，只看见儿童节和我的生日。	④ 我站在海滩边， 过来调皮的小浪花， 不时地浇我的小脚丫。 我拍打浪花，浪花笑。 我追赶浪花，浪花逃。

19 엄마의 아이를 사랑하는 마음이 가장 잘 드러난 글은 어느 것인가요?

20 해변에서 재미있게 놀고 있는 모습을 나타낸 글은 어느 것인가요?

[01-04] 다음 설명에 알맞은 단어를 보기에서 골라 번호를 쓰세요.

보기   ① 开花   ② 风筝   ③ 发芽   ④ 冒险   ⑤ 白云   ⑥ 声音

01   용이나 새 등의 모양으로 하늘로 띄워서 날게 하는 것 :

02   여러 곳을 다니며 용감하게 부딪혀 보는 것 :

03   이것이 없으면 말을 들을 수 없어요. :

04   봄에 들판에 나가면 파릇파릇한 것을 볼 수 있어요. :

[05-08] 우리말과 같은 뜻이 되도록 빈칸에 알맞은 말을 보기에서 골라 번호를 쓰세요.

보기   ① 放   ② 种子   ③ 娃娃   ④ 天空   ⑤ 抱   ⑥ 秘密

05   작디 작은 씨앗 : 小小的一颗

06   엄마는 아이를 안고 흥얼거리셨어요. : 妈妈　　着宝贝哼。

07   아빠와 연날리기를 했어요. : 我和爸爸　　风筝。

08   그 애에게 내 비밀을 모두 말하지요. : 告诉它我所有的小　　。

[09-10] 다음 빈칸에 알맞은 단어를 고르세요.

09   小小的一　种子

① 颗   ② 串   ③ 对   ④ 支

10   天上星星

① 绿油油   ② 红彤彤   ③ 亮晶晶   ④ 白茫茫

11   괄호 안에 들어갈 수 있는 것은 어느 것인가요?

보기   根 - 树干 - ( ) - 花 - ( )

① 果实 - 叶   ② 叶 - 果实   ③ 空气 - 水   ④ 土地 - 空气

12   보기의 단어를 볼 수 있는 곳은 어디입니까?

보기   旋转木马　过山车　海盗船　急流勇进　碰碰车

① 学校   ② 花园   ③ 游乐园   ④ 动物园

[13-16] 바르게 연결하세요.

13 一天一天地长大。 •　　　•㉠ 흰 구름을 보고 웃었지요.

14 你的声音更好听。 •　　　•㉡ 내가 그 애를 얼마나 좋아한다고요.

15 对着白云笑。 •　　　•㉢ 나날이 자라요.

16 我是多么地喜欢它呀! •　　　•㉣ 네 목소리가 더 듣기 좋단다.

[17-18] 주어진 문장에 가장 어울리는 내용을 고르세요.

17 星期天去公园，我和爸爸放风筝。

① 일요일 동물원에 갔어요.　　② 나와 엄마가 연을 날렸어요.

③ 나와 아빠가 연을 날렸어요.　　④ 나와 아빠가 놀이기구를 탔어요.

18 白天带着它到处冒险，晚上和它一起进入甜美的梦乡。

① 낮에 꿈나라에 가요.　　② 밤에 곰인형과 꿈나라로 가요.

③ 낮에 엄마와 모험을 하러 가요.　　④ 밤에 엄마랑 꿈나라로 가요.

[19-20] 다음 글을 읽고 아래 물음에 답하세요.

① 小小的一颗种子
　一天一天地长大。
　有一天它发芽了，
　又一天它长叶了，
　又一天它开花了。
　我的心里也乐开了花。

② 林中小鸟在歌唱，
　爸爸看着宝贝笑：
　"你的声音更好听。"
　天上星星亮晶晶，
　妈妈抱着宝贝哼：
　"你的眼睛更美丽。"

③ 星期天去公园，
　我和爸爸放风筝。
　风筝飞上天，对着白云笑。
　风筝和白云在天空中
　一起快乐追逐。

④ 妈妈送我一个熊娃娃，
　我是多么地喜欢它呀，
　告诉它我所有的小秘密。
　白天带着它到处冒险，
　晚上和它一起进入甜美的梦乡。

19 꽃이 피는 과정을 관찰할 수 있는 글은 어느 것인가요?

20 가족과 관계있는 글이 <u>아닌</u> 것은 어느 것인가요?

🐸 정답은 67페이지에 있습니다.

[01-04] 다음 설명에 알맞은 단어를 보기에서 골라 번호를 쓰세요.

보기 ① 盐 ② 肚子 ③ 翅膀 ④ 动物园 ⑤ 魔镜 ⑥ 泡泡

01 밥을 먹으면 여기가 볼록해져요. :

02 일요일에 김밥 싸가지고 가서 이 곳에 코끼리 보러 가요. :

03 뚱뚱한 사람도 날씬해지고 키가 작은 사람은 키가 커져요. :

04 이것이 없으면 음식이 싱거워서 먹기가 힘들겠지요. :

[05-08] 우리말과 같은 뜻이 되도록 빈 칸에 알맞은 말을 [보기]에서 골라 번호를 쓰세요.

보기 ① 衣服 ② 尝 ③ 瘦瘦的 ④ 饺子 ⑤ 翅膀 ⑥ 怎么

05 작은 날개도 달았네요.　　　　　　还有小　　。

06 아기 곰이 서 보니 날씬해졌네요.　　小熊一看　　。

07 아기 말이 한 입 먹어보니　　　　　小马　　了一口。

08 비누방울은 왜 보이지 않나요?　　　泡泡　　没有了?

[09-10] 다음 빈칸에 알맞은 단어를 고르세요.

09 这 ▢ 小白鹅穿着白衣服。

① 串　　　　　② 颗　　　　　③ 只　　　　　④ 个

10 宝宝 ▢ 泡泡。

① 拉　　　　　② 吹　　　　　③ 追　　　　　④ 拍

11 동사와 명사의 연결이 <u>잘못된</u> 것은 어느 것인가요?

① 기지개를 켜다 — 伸-懒腰　　　　　② 머리를 들다 — 抬-头

③ 가슴을 펴다 — 挺-胸　　　　　④ 발꿈치를 들다 — 踮-腰

12 그림의 음식이 나타내는 맛의 연결이 바른 것은 어느 것인가요?

①　🐟　— 咸　　② 🍋 — 酸　　③ 🐟 — 甜　　④ 🐟 — 辣

13 游泳游累了。　•

14 动物园里有魔镜。　•

15 小马尝了一口。　•

16 宝宝伸手抓泡泡。　•

• ㉠ 동물원에는 마술 거울이 있어요.

• ㉡ 아이가 손을 내밀어 비누방울을 잡으려고 해요.

• ㉢ 수영을 하다 지쳤어요.

• ㉣ 아기 말이 한 입 먹어봤어요.

17 다음 중 색깔이 <u>다른</u> 하나를 고르세요.

① 小白鹅　　　② 盐　　　③ 雪　　　④ 迎春花

18 '宝宝吹泡泡'에서 泡泡의 모양을 나타내는 것이 <u>아닌</u> 것을 고르세요.

① 大大的　　　② 圆圆的

③ 小小的　　　④ 方方的

[19-20] 다음 글을 읽고 아래 물음에 답하세요.

① 这只小白鹅穿着白衣服，
肚子鼓鼓的，
还有小翅膀。
游泳游累了，
回到盘子里。
啊，原来是好吃的饺子！

② 动物园里有魔镜。
小熊一看瘦瘦的，
小猴一照高高的，
小兔一瞧胖乎乎。
嘻嘻嘻，哈哈哈，
笑声传遍了动物园。

③ 冬天的早上
小马看到草地上
有一层厚厚的东西，
像它喜欢的糖一样白。
小马尝了一口，不甜，
可是也不像上次吃错的盐那么咸。
小马尝的是什么？

④ 宝宝吹泡泡，
大的小的圆圆的。
泡泡飞上天，
宝宝伸手抓泡泡。
泡泡跑，宝宝追。
啪啪，啪啪啪，
泡泡怎么没有了？

19 ③에서 '小马尝的是什么?'의 대답을 한자로 쓰세요.

20 마술거울로 재미있는 모습을 나타내고 있는 글은 어느 것인가요?

본문 해석과 정답

1 迎春话开了  개나리가 피었어요

해석

"엄마, 엄마, 이리 빨리 와서 보세요.
노란 개나리가 피었어요."
엄마가 말했어요. "그래, 그래, 너처럼 예쁘게 피었구나."
"엄마, 왜 개나리가 피었어요?"
"봄이 온 것을 환영하기 위해서란다."

정답

잘 이해했나요? p.10

1 ①
2 ③
3 ②

좀 더 알아볼까요 p.11

1 ③
2 A:白 B:飞

2 你找什么? 너는 무엇을 찾니?

해석

꿀벌아, 꿀벌아, 너는 무엇을 찾니?
나는 꽃밭에서 꿀을 찾아.
토끼야, 토끼야, 너는 무엇을 찾니?
나는 들판을 다니면서 당근을 찾아.
구름아, 구름아, 너는 무엇을 찾니?
나는 온 세상 다니며 꿈을 찾아.

정답

잘 이해했나요? p.14

1

小蜜蜂	小白兔	白云

2

좀 더 알아볼까요 p.15

1 ②
2 秋天的(田野/江/小河/花丛)是金黄色。

3 台历 달력

해석

탁자 위에 달력이 묵묵히 있어요.
아빠가 보시면, 엄마 생일이 보여요.
엄마가 보시면, 내 생일이 보여요.
내가 보면, 어린이날과 내 생일날만 보인답니다.

정답

잘 이해했나요? p.18

1 ②

2

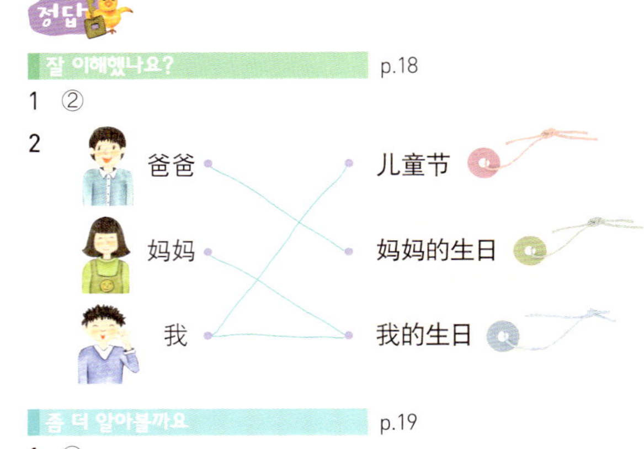

좀 더 알아볼까요 p.19

1 ④
2 ②

4 浪花 파도

해석

나는 바닷가에 서 있으면
장난꾸러기 파도가 살며시 다가왔어요.
계속해서 내 작은 발바닥을 간질이죠.
내가 파도랑 물장구치니, 하얀 웃음 지으며 부서져 버리죠.
내가 파도를 쫓아 따라가니, 파도는 달아나버리죠.

정답

잘 이해했나요? p.22

1 ②
2 ④
3 ④

1
挠   웃다 (간질이다) 울다 외롭다

调皮   (장난스럽다) 힘들게 한다 괴롭히다 자랑하다

2 不时地

5 小小一颗种子 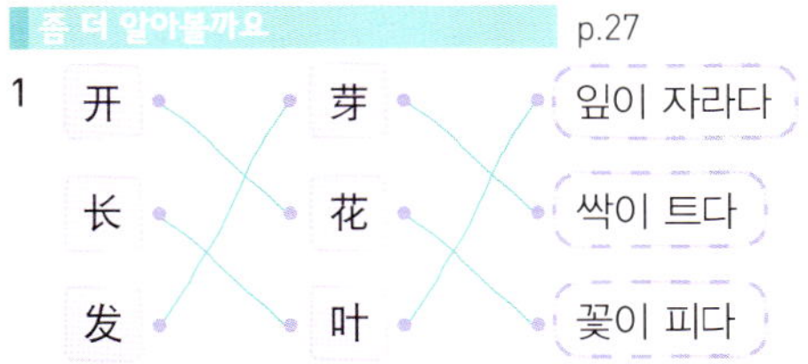 작디 작은 씨앗

해석

작디 작은 씨앗이
나날이 자라요.
어느 날 싹을 틔우고
며칠 후 잎을 피우고 줄기가 자라.
드디어 작디 작은 씨앗이 꽃을 피워요.
내 마음도 덩달아 예뻐지지요.

정답

잘 이해했나요?   p.26
1 ② → ④ → ① → ③
2 ③
3 空气 土地 阳光 养分 (石头) 水

좀 더 알아볼까요   p.27
1 开 — 叶 잎이 자라다
   长 — 芽 싹이 트다
   发 — 花 꽃이 피다
2 ① 他 ② 她 ③ 它

6 最美的宝贝 가장 예쁜 보배

해석

수풀 속 작은 새가 노래해요.
아빠는 아기를 바라보고 웃으시며
"네 목소리가 더 듣기 좋단다."하시죠.
하늘의 별이 반짝반짝 빛나요.
엄마는 아기를 안고 흥얼거리시며
" 네 눈동자가 더 예쁘단다."하시죠.

정답

잘 이해했나요?   p.30
1 ① 宝贝的声音比小鸟的歌声更好听。
   ② 宝贝的眼睛比天上的星星更美丽。
2 ③

---

1 

2 ①

7 风筝飞上天 연이 하늘 높이 날아가요

해석

일요일에 공원에 가서
아빠와 연날리기를 했어요.
연은 하늘 높이 올라가
흰 구름을 보고 웃었지요.
연과 흰 구름은 파란 하늘에서
서로 따라다니며 즐겁게 놀았어요.

정답

잘 이해했나요?   p.34
1 ②
2 ④
3 ②

좀 더 알아볼까요   p.35
1 ④
2 ①

8 妈妈送我一个熊娃娃
엄마가 곰 인형을 선물해주셨어요

해석

엄마는 제게 곰 인형을 선물해주셨어요.
내가 그 애를 얼마나 좋아한다고요.
그 애에게 내 모든 비밀을 말하지요.
낮에는 곳곳을 다니며 모험을 즐기다가
밤이 오면 우리는 달콤한 꿈나라로 함께 떠나요.

정답

잘 이해했나요?   p.38
1 ②
2 ②
3 ④

좀 더 알아볼까요   p.39
1 多么

2 ③
3 ②

9 美味的 '小白鹅' 맛있는 '흰 고니'

작은 고니가 하얀 옷을 입고 있어요.
배는 볼록하고
작은 날개도 달았네요.
수영을 하다 지쳐서
접시로 돌아왔어요.
아해! 알고 보니 맛있는 만두였구나.

잘 이해했나요? p.42

1 ③
2 ③
2 ④

좀 더 알아볼까요 p.43

1 ① 原来 ② 本来 ③ 原来

이렇게 말해보아요 p.43

2 ① 喜鹊 ② 孔雀 ③ 鹦鹉

10 魔镜 마술 거울

동물원에는 마술 거울이 있어요.
아기 곰이 바라보니 날씬해졌네요.
아기 원숭이가 비춰보니 키가 훌쩍 커졌지요.
아기 토끼가 쳐다보니 통통하게 살이 오르지요.
히히히, 하하하
웃음 소리가 동물원 가득 퍼지네요.

잘 이해했나요? p.46

1 ④
2 ①
3 ④

좀 더 알아볼까요 p.47

1

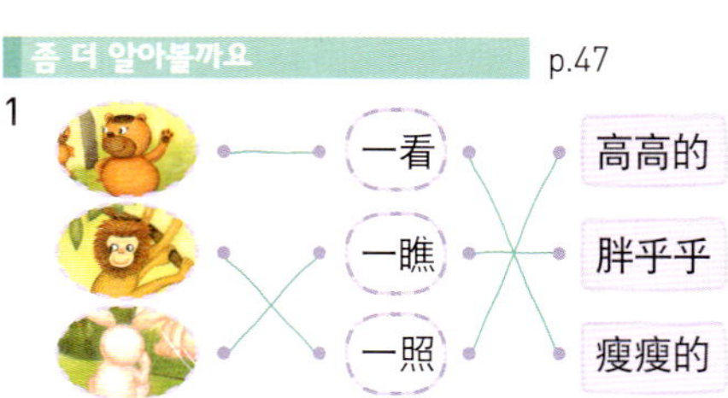

	一看	高高的
	一瞧	胖乎乎
	一照	瘦瘦的

11 像糖像盐 설탕일까? 소금일까?

겨울날 아침
아기 말이 풀밭에서 겹겹이 쌓여 있는 무언가를 발견했어요.
아기 말이 좋아하는 사탕처럼 하얘요.
아기 말이 한 입 먹어보니. 달지 않아요.
하지만 지난번에 잘못 먹었던 소금처럼 그렇게 짜지도 않았어요.
아기 말이 먹은 것은 무엇일까요?

잘 이해했나요? p.50

1 ③
2 甜, 咸
3 ③

좀 더 알아볼까요 p.51

1 ① 一口 ② 错
2 ④

12 吹泡泡 비누방울을 불어요

아이가 비누방울을 불어요.
큰 것. 작은 것. 동그란 것.
비누방울은 하늘로 날아오르죠.
아이가 손을 내밀어 비누방울을 잡으려고 하면
비누방울은 달아나고, 아이는 쫓아갑니다.
톡톡. 톡톡톡
비누방울은 왜 보이지 않나요?

잘 이해했나요? p.54

1 ④
2 ③
2 ④

좀 더 알아볼까요 p.55

1 ④
2 ④
2 ①

단원평가 정답

p.56~57

문항	정답	해설
01	②	迎春花 yíngchūnhuā 개나리
02	③	梦想 mèngxiǎng 꿈
03	⑤	台历 táilì 탁상용 달력
04	⑥	儿童节 Értóngjié 어린이날
05	③	开 kāi (꽃이) 피다
06	①	胡萝卜 húluóbo 당근
07	⑤	只 zhǐ 단지
08	④	调皮 tiáopí 장난스럽다
09	②	为了는 '~을 위해서'라는 뜻입니다.
10	④	静静地는 '묵묵히'라는 뜻입니다.
11	④	春节은 음력 설입니다.
12	②	장미는 玫瑰 méigui 이고 코스모스는 波斯菊 bōsījú 이며 나팔꽃은 牵牛花 qiānniúhuā입니다.
13	ㄹ	妈妈, 马马, 快来看。(엄마, 엄마, 빨리 와서 보세요.)
14	ㄷ	我在花丛中寻找花密。(나는 꽃 무리에서 꽃을 찾아.)
15	ㄱ	不时地挠我的小脚丫。(계속해서 내 작은 발바닥을 간질이죠.)
16	ㄴ	我追赶浪花，浪花逃。(내가 파도를 쫓아가니, 파도는 달아나버리죠.)
17	②	你找什么呢？(너는 무엇을 찾니?) — 我环游世界寻找梦想。(나는 온 세상을 다니며 꿈을 찾아.)
18	①	妈妈看见什么？(엄마는 무엇을 보셨나요?) — 妈妈看见了我的生日。(엄마가 보시면, 내 생일이 보여요.)
19	③	3번 글의 '妈妈过来看看，看见了我的生日.'에서 엄마의 아이를 생각하는 마음을 엿볼 수 있습니다.
20	④	4번 글의 '我拍打浪花，浪花笑，我追赶浪花，浪花逃.'에서는 해변에서 파도와 즐겁게 놀고 있는 모습을 나타내고 있습니다.

문항	정답	해설
01	②	风筝 fēngzheng 연
02	④	冒险 màoxiǎn 모험하다
03	⑥	声音 shēngyīn 목소리
04	③	发芽 fāyá 싹이 트다
05	②	种子 zhǒngzi 씨
06	⑤	抱 bào 안다
07	①	放 fàng (연을) 날리다
08	⑥	秘密 mìmì 비밀
09	①	颗 kē 알
10	③	亮晶晶 liàngjīngjīng 반짝 반짝 빛나다
11	②	根 gēn 뿌리 — 树干 shùgàn 줄기 — 树叶 shùyè 잎 — 花 huā 꽃 — 果实 guǒshí 열매의 순서로 식물이 자랍니다.
12	③	旋转木马 xuánzhuǎnmùmǎ 회전목마, 过山车 huòshānchē 롤러코스터, 海盗船 hǎidàochuán 바이킹, 急流勇进 jíliúyǒngjìn 후룸라이드, 碰碰车 pèngpengchē 범퍼카로 놀이동산에 가면 볼 수 있습니다.
13	ⓒ	一天一天地长大。(나날이 자라요.)
14	②	你的声音更好听。(네 목소리가 더 듣기 좋단다.)
15	ⓐ	对着白云笑。(흰 구름을 보고 웃었지요.)
16	ⓑ	我是多么地喜欢它呀。(내가 그 애를 얼마나 좋아한다고요.)
17	③	星期天去公园，我和爸爸放风筝。(일요일에 공원에 가서 아빠와 연날리기를 했어요.)
18	②	白天带着它到处冒险，晚上和它一起进入甜美的梦乡。(낮에는 곳곳을 다니며 모험을 즐기다가, 밤이 오면 우리는 달콤한 꿈나라로 함께 떠나요.)
19	①	1번 글의 '种子, 发芽, 长叶, 开花'에서 꽃이 피는 과정을 엿볼 수 있습니다.
20	①	나머지 글에서는 엄마, 아빠와 관련있는 이야기이고, 1번 글은 식물의 성장과정과 관련된 글입니다.

문항	정답	해설
01	②	肚子 dùzi 배
02	④	动物园 dòngwùyuán 동물원
03	⑤	魔镜 mójìng 마술 거울
04	①	盐 yán 소금
05	⑤	翅膀 chìbǎng 날개
06	③	瘦瘦的 shòushòu de 날씬하다
07	②	尝 cháng 맛보다
08	⑥	怎么 zěnme 왜, 어째서
09	③	只 zhī 마리(주로 동물을 세는 양사)
10	②	吹 chuī 불다
11	④	弯腰 wānyāo 허리를 굽히다, 踮脚尖 diànjiǎojiān 발꿈치를 들다
12	②	甜 tián 달다, 咸 xián 짜다, 辣 là 맵다
13	㉣	游泳游累了。(수영을 하다 지쳤어요.)
14	㉠	动物园里有魔镜。(동물원에는 마술 거울이 있어요.)
15	㉣	小马尝了一口。(아기 말이 한 입 먹어봤어요.)
16	㉡	宝宝伸手抓泡泡。(아이가 손을 내밀어 비누방울을 잡으려고 해요.)
17	④	迎春花 yíngchūnhuā 개나리로 노란색입니다.
18	④	方方的 fāngfāngde 는 네모난 모양을 나타냅니다.
19	雪	3번 글의 ‘冬天’, ‘一层厚厚的东西’에서 알 수 있습니다.
20	②	2번 글의 ‘动物园里有魔镜。’에서 알 수 있습니다.

A	矮矮的	ǎiǎi de	(키가) 작다	10과
B	芭比娃娃	bābǐwáwa	바비인형	8과
	白鹅	bái"é	흰 고니	9과
	白茫茫	báimángmáng	새하얗다	6과
	抱	bào	안다	6과
	宝贝	bǎobèi	보배	6과
	鼻子	bízi	코	9과
	波斯菊	bōsījú	코스모스	1과
	不时地	bùshí de	계속해서	4과
	布娃娃	bùwáwa	헝겊인형	8과
C	草地	cǎodì	풀밭	11과
	吃错	chīcuò	잘못 먹다	11과
	尝	cháng	맛보다	11과
	长长的	chángcháng de	짧다	10과
	翅膀	chìbǎng	날개	9과
	春节	Chūnjié	새해(음력 1월 1일)	3과
	重阳节	Chóngyángjié	중양절(음력 9월 9일)	3과
	吹	chuī	불다	12과
	传遍	chuánbiàn	널리 퍼지다	10과
D	打羽毛球	dǎ yǔmáoqiú	배드민턴 치기	7과
	淡	dàn	싱겁다	11과
	当外交官	dāng wàijiāoguān	외교관 되기	2과
	当医生	dāng yīshēng	의사 되기	2과
	到处	dàochù	곳곳에	8과
	到来	dàolái	(어떤 시기나 기회가) 오다	1과
	踮脚尖	diǎnjiǎojiān	발꿈치를 들다	12과
	碟片	diépiàn	DVD	8과
	短短的	duǎnduǎn de	길다	10과
	对着	duìzhe	~로 향하다	7과
	杜鹃花	dùjuānhuā	진달래	1과
	多么地	duōme de	얼마나	8과
	肚子	dùzi	배	9과
E	耳朵	ěrduo	귀	9과
	儿童节	Értóngjié	어린이날 (중국은 6월 1일)	3과
F	放	fàng	(연을) 날리다	7과
	发芽	fāyá	싹이 트다	5과
	风筝	fēngzheng	연	7과
G	高高的	gāogāo de	(키가) 크다	10과
	告诉	gàosu	말하다	8과
	根	gēn	뿌리	5과
	跟小狗散步	gēn xiǎogǒu sànbù	강아지와 산책하기	7과
	公园	gōngyuán	공원	7과
	鼓鼓的	gǔgǔ de	불룩하다	9과

 **저자 소개**

◯ **김명섭** 선생님

대구교육대학교 졸업
한국교원대학교 대학원 졸업(교육사회 전공)
1988년~2004년 국내 초등학교 근무
2005년~2006년 상해 한국학교 근무
2007년 상해교통대학 중국어 어학연수 수료
저서 : 초등 사회과 탐구 교재 《상하이上海의 생활》, 《快乐学汉语》1·2·3
現 경북 울진 기성초등학교 교사

◯ **김은정** 선생님

부산외국어대학교 중국어과 졸업
한국외국어대학교 통역번역대학원 석사 학위
2003년~2004년 부산 경남정보대학 중국어 강의
2005년~2007년 부산 용호중학교 근무
저서 : 2007년 부산광역시 교육청 중국어 교재
現 상해 한국학교 중국어 교사(중국어 부장)

◯ **이현숙** 선생님

부산대학교 국어교육과 졸업
1987년~2001년 국내 중학교 근무
2002년~2004년 상해 화동사범대학 중국어 어학연수 수료
저서 : 초등 사회과 탐구 교재 《상하이上海의 생활》, 모국어 교육을 위한
교재 《한글사랑》, 《快乐学汉语》1·2·3
現 상해 한국학교 국어과 교사, 중국인의 위한 주말 '한글학당' 교사

◯ **예리칭(叶丽清)** 선생님

상해 화동사범대학 대외한어과 졸업
2004년 한국 대전 갑천하 어학원 강사
2005년 상해 신세계진수학교 아이만다린 훈련중심 강사
現 상해 화동사범대학 대외한어과 강사

◯ **왕지에(王洁)** 선생님

상해 화동사범대학교 중국어과 졸업
2002~2004 상해 한국학교 근무
중국 교육부 발급 〈대외한어 교사 자격증-고급〉 획득
저서 《快乐学汉语》1·2·3
現 상해 싱가포르 국제학교 중국어 교사

초판 발행　2010년 11월 25일

저자	김명섭 · 김은정 · 이현숙 · 예리칭 · 왕지에
발행인	이기선
발행처	제이플러스
	서울시 마포구 망원2동 467-30번지
전화	영업부 02)322-8320
	편집부 02)3142-2520
팩스	02)332-8321
홈페이지	www.jplus114.com
등록번호	제 10-1680호
등록일자	1998년 12월 9일
ISBN	978-89-94632-14-8
	978-89-94632-00-1 세트

편집	김효선 · 안나영
디자인	한민혜
삽화	한지수
마케팅	김흥태
녹음	山西运城国兵音乐工作室 · 예성미디어테크

값 13,000원(오디오CD 포함)
워크북 별매

① 迎春花开了 🔘37

妈妈，妈妈，快来看，金黄的迎春花开了。

妈妈迎春花为什么开？为了欢迎春天的到来。

妈妈，妈妈，快来看，金黄的迎春花开了。

妈妈迎春花为什么开？为了欢迎春天的到来。

② 你找什么？ 🔘38

小蜜蜂，小蜜蜂，你找什么呀？
我在花丛中寻找花蜜。

小白兔，小白兔，你找什么呀？
我在田野里寻找胡萝卜。

白云啊，白云，你找什么呢？
我环游世界寻找梦想。

③ 台历 🔘39

爸爸过来看看，看见了妈妈的生日。

妈妈过来看看，看见了我的生日。

我过来看看，只看见了儿童节和我的生日。

爷爷过来看看，看见了奶奶的生日。

奶奶过来看看，看见了我的生日。

我过来看看，只看见了儿童节和我的生日。

❶ Yíngchūnhuā kāi le 

Māma, māma, kuài lái kàn,
jīnhuáng de yíngchūnhuā kāi le.

Māma, yíngchūnhuā wèishénme kāi?
Wèile huānyíng chūntiān de dàolái.

Māma, māma, kuài lái kàn,
jīnhuáng de yíngchūnhuā kāi le.

Māma, yíngchūnhuā wèishénme kāi?
Wèile huānyíng chūntiān de dàolái.

❷ Nǐ zhǎo shénme? 

Xiǎomìfēng, xiǎomìfēng, nǐ zhǎo shénme ya?

Wǒ zài huācóng zhōng xúnzhǎo huāmì.

Xiǎobáitù, xiǎobáitù, nǐ zhǎo shénme ya?

Wǒ zài tiányě li xúnzhǎo húluóbo.

Báiyún a, báiyún, nǐ zhǎo shénme ne?

Wǒ huányóu shìjiè xúnzhǎo mèngxiǎng.

❸ Táilì 

Bàba guòlái kànkan, kànjiànle māma de shàngrì.

Māma guòlái kànkan, kànjiànle wǒ de shēngrì.

Wǒ guòlái kànkan, zhǐ kànjiàn Értóngjié hé wǒ de shēngrì.

Yéye guòlái kànkan, kànjiànle nǎinai de shēngrì.

Nǎinai guòlái kànkan, kànjiànle yéye de shēngrì.

Wǒ guòlái kànkan, zhǐ kànjiàn Értóngjié hé wǒ de shēngrì.

4 浪花 

我站在海滩边，

跑来调皮的小浪花，

不时地挠我的小脚丫。

我拍打浪花，浪花笑，

我追赶浪花，浪花逃。

5 小小的一颗种子 41

小小的一颗种子，一天一天地长大。

有一天它发芽了，又一天它长叶了，

又一天它开花了。

我的心里乜乐开了花。

6 最美的宝贝 42

林中小鸟在歌唱，爸爸看着宝贝笑，
你的声音更好听。

天上星星亮晶晶，妈妈抱着宝贝哼，
你的眼睛更美丽。

林中小鸟在歌唱，爸爸看着宝贝笑，
你的声音更好听。

天上星星亮晶晶，妈妈抱着宝贝哼，
你的眼睛更美丽。

4 Lànghuā 

Wǒ zhànzài hǎitān biān,

pǎolái tiáopí de xiǎolànghuā,

bùshí de náo wǒ de xiǎojiǎoyā.

Wǒ pāida lànghuā, lànghuā xiào,

wǒ zhuīgǎn lànghuā, lànghuā táo.

5 Xiǎoxiǎo de yì kē zhǒngzi 

Xiǎoxiǎo de yì kē zhǒngzi, yìtiān yìtiān de zhǎngdà.

Yǒu yì tiān tā fāyá le, yòu yì tiān tā zhǎngyè le,

yòu yì tiān tā kāihuā le.

Wǒ de xīnli yě lèkāile huā.

6 Zuì měi de bǎobèi 

Lín zhōng xiǎoniǎo zài gē chàng, bàba kànzhe bǎobèi xiào, nǐ de shēngyīn gèng hǎotīng.

Tiānshàng xīngxing liàngjīngjīng, māma bàozhe bǎobèi hēng, nǐ de yǎnjing gèng měilì.

Lín zhōng xiǎoniǎo zài gē chàng, bàba kànzhe bǎobèi xiào, nǐ de shēngyīn gèng hǎotīng.

Tiānshàng xīngxing liàngjīngjīng, māma bàozhe bǎobèi hēng, nǐ de yǎnjing gèng měilì.

7 风筝飞上天 43

星期天去公园，

我和爸爸放风筝。

风筝飞上天，

对着白云笑。

风筝和白云在天空中一起快乐追逐。

8 妈妈送我一个熊娃娃 44

妈妈送我一个熊娃娃。

我是多么地喜欢它呀！

告诉它我所有的小秘密。

白天带着它到处冒险。

晚上和它一起进入甜美的梦乡。

9 美味的'小白鹅' 45

这只小白鹅，穿着白衣服，

肚子鼓鼓的，还有小翅膀。

游泳游累了，回到盘子里。

啊，原来是好吃的饺子！

7 Fēngzheng fēishàng tiān 

Xīngqītiān qù gōngyuán,

wǒ hé bàba fàng fēngzheng.

Fēngzheng fēishàng tiān,

duìzhe báiyún xiào.

Fēngzheng hé báiyún zài tiānkōng zhōng yìqǐ
kuàilè zhuīzhú.

8 Māma sòng wǒ yí ge xióngwáwa 

Māma sòng wǒ yí ge xióngwáwa.

Wǒ shì duōme de xǐhuan tā ya!

Gàosu tā wǒ suǒyǒu de xiǎomìmì.

Báitiān dàizhe tā dàochù màoxiǎn.

Wǎnshàng hé tā yìqǐ jìnrù tiánměi de mèngxiāng.

9 Měiwèi de xiǎobái'é 

Zhè zhī xiǎobái'é, chuānzhe bái yīfu,

Dùzi gǔgǔ de, háiyǒu xiǎochìbǎng.

Yóuyǒng yóulèi le, huídào pánzi li.

Ā, yuánláishì hǎochī de jiǎozi!

10 魔镜 

动物园里有魔镜。小熊一看瘦瘦的，嘻嘻嘻。

动物园里有魔镜。小猴一照高高的，哈哈哈。

动物园里有魔镜。小兔一瞧胖乎乎，嘻嘻嘻。

笑声传遍了动物园。

11 像糖像盐 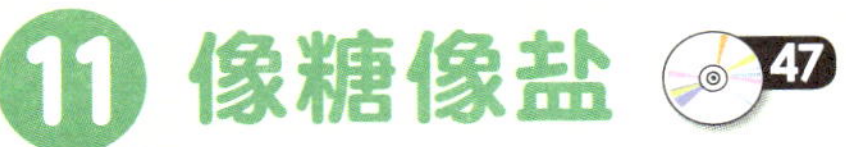

泡菜，泡菜，味道怎么样？辣，辣，辣。

糖果，糖果，味道怎么样？甜，甜，甜。

盐巴，盐巴，味道怎么样？咸，咸，咸。

柠檬，柠檬，味道怎么样？酸，酸，酸。

12 吹泡泡 

宝宝吹泡泡，大的，小的，圆圆的。

泡泡飞上天，宝宝伸手抓泡泡。

啪啪，啪啪啪，泡泡怎么没有了？

宝宝吹泡泡，泡泡跑，宝宝追。

泡泡飞上天，宝宝伸手抓泡泡。

啪啪，啪啪啪，泡泡怎么没有了。

10 Mójìng 

Dòngwùyuán li yǒu mójìng.
Xiǎoxióng yíkàn shòushòu de, xīxīxī.

Dòngwùyuán li yǒu mójìng.
Xiǎohóu yízhào gāogāo de, hāhāhā.

Dòngwùyuán li yǒu mójìng.
Xiǎotù yìqiáo pànghūhū, xīxīxī.

Xiàoshēng chuánbiànle dòngwùyuán.

11 Xiàng táng xiàng yán 

Pàocài, pàocài, wèidào zěnmeyàng?
Là, là, là.

Tángguǒ, tángguǒ, wèidào zěnmeyàng?
Tián, tián, tián.

Yánbā, yánbā, wèidào zěnmeyàng?
Xián, xián, xián.

Níngméng, níngméng, wèidào zěnmeyàng?
Suān, suān, suān.

12 Chuī pàopao 

Bǎobao chuī pàopao, dà de, xiǎo de, yuányuán de.

Pàopao fēishàng tiān, bǎobao shēnshǒu zhuā pàopao.

Pāpā, pāpāpā, pàopao zěnme méiyǒu le?

Bǎobao chuī pàopao, pàopao pǎo, bǎobao zhuī.

Pàopao fēishàng tiān, bǎobao shēnshǒu zhuā pàopao.

Pāpā, pāpāpā, pàopao zěnme méiyǒu le?